Wissenschaftliche Beiträge aus dem Tectum Verlag

Reihe Medienwissenschaft

Wissenschaftliche Beiträge
aus dem Tectum Verlag

Reihe Medienwissenschaft
Band 39

Lisa Chiara Thiel

Kolonialismus im frühen deutschen Film

Eine Figurenanalyse der Beispiele *Dr. Solf besucht Togo* und *Allein im Urwald. Die Rache der Afrikanerin*

Mit Vorworten von Dr. Christiane König und Dr. Mathias Mertens

Tectum Verlag

Lisa Chiara Thiel
Kolonialismus im frühen deutschen Film. Eine Figurenanalyse der Beispiele *Dr. Solf besucht Togo* und *Allein im Urwald. Die Rache der Afrikanerin*
Wissenschaftliche Beiträge aus dem Tectum Verlag
Reihe: Medienwissenschaft, Bd. 39

ISBN 978-3-8288-4463-6
ePDF 978-3-8288-7486-2
ePub 978-3-8288-7487-9
ISSN 1861-7530

Umschlaggestaltung: Tectum Verlag

Printed in Germany

Besuchen Sie uns im Internet
www.tectum-verlag.de

Bibliografische Informationen der Deutschen Nationalbibliothek
Die Deutsche Nationalbibliothek verzeichnet diese Publikation in der Deutschen Nationalbibliografie; detaillierte bibliografische Angaben sind im Internet über http://dnb.d-nb.de abrufbar.

Vorwort von Dr. Christiane König

Lisa Thiel ist eine kleine, aber sehr feine Studie zum frühen Kino in Deutschland gelungen. Hierbei verknüpft sie anhand ihrer Untersuchung zweier Vertreter des Kolonialfilms aus zwei Jahrzehnten die Historiografie von Film und Kino mit der deutschen Kolonialgeschichte. Das Kino der Attraktionen wird darin nicht nur im vollen Umfang in der Tradition der New Film History gewürdigt, sondern dies erfolgt durch dessen ausdrückliche Kontextualisierung innerhalb einer politischen Kultur des deutschen Nationalismus. Nicht dass die gesamte Reformdebatte zum frühen Kino und Film nicht unter dieser Ägide gestanden hätte. Aber Lisa Thiel arbeitet in ihren äußerst klugen und spannenden Filminterpretationen vor allem dessen Ideologeme und den systemischen Rassismus heraus. Lisa Thiel gelingt es mit ihrem speziellen Ansatz, der das theoretische Konzept des Otherings von Edward Said mit kulturhistorischen Ausführungen sowie filmanalytischen Verfahren verbindet, zu verdeutlichen, wie die Filme ein hierarchisch geordnetes Bild der Welt naturalisierten und so nicht nur das Selbst-Bild der deutschen Nation als selbstverständlich darstellten, sondern es auch noch nach dem Ersten Weltkrieg als Desiderat naturalisierten. Hierfür existiert bereits Literatur. Insofern stimmt die Selbsteinschätzung der Autorin, dass hier ein grundlegender Mangel an Forschung zum Thema besteht, nicht ganz. Es gelingt ihr aber, das komplexe Zusammenspiel von filmischen Mitteln, von kultureller Semantik und politischer Ideologie sehr präzise aufzuzeigen. Besonders durch den genauen Blick auf die dynamischen Wechselwirkungen von Geschlechterideologie und Vorstellungen von *race* hinsichtlich zweier weniger bekannter Filme kann Lisa Thiel wirklich eine wichtige Forschungslücke schließen. Auch der Bezug zum Jetzt, nämlich die fortbestehende Reproduktion kolonialistisch-rassistischen Gedankenguts, macht die Studie höchst aktuell und nicht nur kulturgeschichtlich, sondern auch gesellschaftspolitisch relevant.

PD Dr. Christiane König (Universität zu Köln)

Vorwort von Dr. Mathias Mertens

In den 1960er und 1970er Jahren gab es in der Bundesrepublik eine Aufbruchswelle der neuen Wissenschaft, die sich mit Film beschäftigte. Alles ging, weil überhaupt erst mal alles gefunden werden musste, mit dem man sich beschäftigen konnte. Und so gingen Recherche, Quellensicherung, Journalismus, Essayismus und Geisteswissenschaftlichkeit auseinander hervor und ineinander über. Als Student der Theater-, Film- und Fernsehwissenschaft zu Beginn der 1990er Jahre war ich in Seminarapparaten, Bibliotheken und Museen noch ganz selbstverständlich mit einer Menge dieser enthusiasmierten Pioniertexte beschäftigt, der blauen „Reihe Film" von Hanser etwa von Peter W. Jansen und Wolfram Schütte oder den Veröffentlichungen der Münchner Frieda Grafe und Enno Patalas. Während meiner Studienzeit aber vollzog sich schon ein Wandel der Filmwissenschaft, wie auch anderer Geisteswissenschaften, hin zu gegenstandsbezogenen Philosophien und kulturwissenschaftlichen Kunstwissenschaften. Intime Kenntnis von Quellen, Expertenwissen, Enthusiasmus in Bezug auf die Gegenstände, essayistischer Drang waren nicht mehr genug oder sogar obsolet, stattdessen wuchs sich der Theoriebezug der Analysen von Filmen aus, die dann immer auch als Beispiel für allgemeine Tendenzen und Aspekte dienen sollten. Die Entdeckung des Einzelnen, die Schließung von Lücken des Archivs, das Pionierhafte trat dabei unvermeidlich immer mehr in den Hintergrund.

Vor diesem wissenschaftshistorischen Hintergrund tritt nun die vorliegende Studie auf, die sich mit der Darstellung von Kolonialismus in Filmfiguren beschäftigt und dafür die beiden im Wortsinne obskuren Beispiele *Dr. Solf besucht Togo* und *Allein im Urwald. Die Rache der Afrikanerin* präsentiert und analysiert. Es könnte den post-1970er Vorbehalt und Einwand geben, dass mit nur zwei Beispielen, die zudem als Dokumentarfilm und Spielfilm auch gattungstechnisch auseinanderliegen, dem übergreifenden kulturwissenschaftliche Anspruch nicht gerecht werden kann und dass es eines viel umfassenderen Korpus bedürfe, um eine solche Arbeit tätigen zu können. Andererseits könnte es die prä-1980er Kritik geben, dass hier viel zu viel Anderes an die Filme herangetragen wird und dass die Artefakte dadurch auf bestimmte Aussagen reduziert werden. Oder man versteht und schätzt den vorliegenden Text als ein Dazwischen, als einen Text, der die Schwächen der beiden Ansätze ignoriert, um ihre jeweiligen Stärken zu kombinieren.

Die Studie bewegt sich durchgehend auf hohem sprachlichen Niveau, komplexe Sachverhalte werden anschaulich und stets verständlich dargestellt. Der Text ist raffiniert gegliedert, die zugrundeliegende Schematik löst sich im Textfluss unmerklich zu einer vorwärtsdrängenden Abhandlung auf, bei der alles auseinander hervorgeht und zueinander hinführt. Theorie ist in den Text verwoben und steht niemals als pauschales Referat für sich. Besonders die Geschichte des deutschen Kolonialismus wird in engem Zusammenhang mit der Analyse der Filme vermittelt, was die Erzählung stets relevant und erhellend macht. Die Begriffe der postkolonialistischen Kulturwissenschaft werden so souverän und selbstverständlich angewandt, dass sich niemals das Gefühl von pauschalem Jargon einstellt.

Der Verfasserin gelingt es, ihre Beobachtung, dass der Blick auf den Anderen, der diesen als Anderen überhaupt erschafft, stark durch den Film und das Kino geprägt worden ist, plausibel und vor allem historisch relevant in Bezug auf den deutschen Kolonialismus zu machen. Dass dieses mit der Pionierleistung verknüpft ist, filmhistorische Quellen überhaupt in den wissenschaftlichen Diskurs zu befördern, macht die Studie gleichzeitig wertvoll und äußerst lesenswert. Mir ging es bei der Lektüre jedenfalls so, dass ich mich mit dem heutigen Reflexionsstand zurückversetzt in das filmwissenschaftliche Diskurslabor der frühen 1990er Jahre fühlte und das Beste aus zwei Welten erleben konnte. Und ich wünsche Ihnen, dass Sie dieselbe Erfahrung mit diesem Text machen können.

PD Dr. Mathias Mertens (Universität zu Köln)

Inhaltsverzeichnis

1. Einleitung

Die Welt des 21. Jahrhunderts ist geprägt von Globalisierung, wirtschaftlicher und politischer Zusammenarbeit und kulturellem Austausch. Trotzdem beobachten wir ein erneutes Erstarken von Nationalismus – weltweit. Ein Nationalismus, der argumentativ nicht zu fassen ist, wo doch Einwanderung in den meisten Teilen der Erde ein Charakteristikum für die Entwicklung des Landes darstellt. Auf der anderen Seite erleben wir auch Solidarität und eine Aufarbeitung historischer Traumata. Bislang spielt der Kolonialismus in der westlichen Wahrnehmung so gut wie keine Rolle. Im Schulunterricht wird er nur rudimentär behandelt, im öffentlichen Bewusstsein ist er kaum vorhanden, auch wenn viele Strukturen aus dieser Zeit überlebt haben. Konkret für Deutschland bedeutet das zum einen ein Schattendasein neben den Schrecken der NS-Zeit und ein generelles Herunterspielen eines Kolonialismus als kurze und deswegen unbedeutende Epoche, die meist noch romantisch verklärt wird. Dieses Themas und dessen Aufarbeitung will sich auch das künftige Humboldt-Forum in Berlin annehmen. Forderungen nach geraubter Kunst und Entschädigungszahlungen werden laut. Erste Schritte zur Rückerstattung erfolgen: So wurden Anfang diesen Jahres Bibel und Peitsche des Nama-Führers Hendrik Witbooi an Namibia zurückgegeben. Und Politikwissenschaftlerin Nikita Dhawan fragt nach der Rolle des Feminismus im Kolonialismus. Es scheint sich also allmählich eine Auseinandersetzung beider Seiten – der ehemaligen Kolonialmächte wie auch der kolonisierten Länder – zu entwickeln.

Mein Interesse an dem Thema wurde geweckt, als ich vor ein paar Jahren eine Zeitschrift zum Kolonialismus las und sich mir dadurch ebenfalls viele aktuelle politische und wirtschaftliche Verknüpfungen erschlossen. Neben den inhaltlichen Informationen blieben mir vor allem die Fotografien im Gedächtnis und warfen viele Fragen auf. In der Medien-, vor allem speziell in der Filmgeschichte scheint der Kolonialismus die buchstäbliche Lücke zwischen den als Spektakel inszenierten Anfängen der Gebrüder Lumière und dem expressionistischen Kino eines Caligari zu sein. Kurz gesagt: Weder inhaltlich noch medial fand der deutsche Kolonialfilm bisher Beachtung in der Wissenschaft. Pioniere der Forschung (die zum großen Teil auch als Basis für diese Arbeit dienen) sind Wolfgang Fuhrmann, Tobias Nagl und Wolfgang Struck. In ihren Untersuchungen wird das Motiv des Nationalismus ebenfalls aufgegriffen, und an dieser Stelle möchte ich in die

Tiefe gehen. Gerade in aktuellen Debatten haben wir es immer wieder mit nationalistischen und rassistischen Stereotypen zu tun. Genau wie das Konstrukt der *Figur* werden diese als Identifikations- oder Abschreckungsmittel instrumentalisiert. Was mich an dieser Stelle interessiert, sind folglich *Typen,* die in bestimmter Dynamik erst ihre Wirkung entfalten und somit eine Idee repräsentieren. Im Rahmen dieser Arbeit wurde exemplarisch nach frühen Darstellungen der *Wir* vs. *Die Anderen*-Konstruktionen gesucht – und wie der Film zu dieser Identitätsbildung beiträgt. Dafür wurden zwei Filme ausgewählt: *Staatssekretär Dr. Solf besucht im Oktober 1913 Togo* (1913/14) und *Allein im Urwald. Die Rache der Afrikanerin* (1922). Anhand dieser Stichproben des deutschen Kolonialfilms in verschiedener Form (Vor- und Nachkriegszeit, Fiction, Non-Fiction) will ich nach bestimmten Mustern in der Figurengestaltung forschen und in der Kontrastierung von *Kolonialherren* und *Schutzbefohlenen* analysieren, inwiefern diese Gegenüberstellung Hierarchie erzeugt. Dafür werde ich zunächst den kulturhistorischen Kontext erläutern, in dem ich auf Nationalität und Figurengestaltung im Allgemeinen im frühen deutschen Film eingehe, dann den Einsatz von Kolonialfilmen speziell herausarbeite und anschließend in die Filmanalyse einsteige. Dafür werde ich zunächst kurz meine Methodik der Figurenanalyse umreißen, die Forschungsobjekte vorstellen und schließlich die Figuren beider Filme analysieren. In einem Fazit fasse ich dann die daraus folgenden Resultate zusammen und gebe einen Ausblick auf weitere Auseinandersetzungen mit dem Thema.

Der Fokus der Arbeit soll hierbei ausschließlich auf den Figuren liegen, weshalb ich andere Aspekte nur im Bezug darauf analysieren werde. Auch zeitgenössische kulturelle Begleiterscheinungen wie Werbung, Fotografien, Postkarten, Literatur etc. können nur am Rande behandelt werden. Meine Arbeit besitzt keinen Anspruch auf eine vollständige Aufarbeitung der Kolonialgeschichte und wird auch den frühen Film nur im Kontext des Kolonialfilms in Betracht ziehen. Trotzdem will ich mit meiner Arbeit einen Zugang zu dieser Lücke in unserem gesellschaftlichen und akademischen Bewusstsein bieten und dadurch einen Beitrag zu deren Aufarbeitung leisten.

2. Das Medium Film zu Beginn des 20. Jahrhunderts

Um die Figur im deutschen Kolonialfilm analysieren zu können, muss diese spezifische Gattung zunächst in einen kulturhistorischen Kontext gebettet werden. Die Forschungsbeispiele stammen aus den Anfängen des 20. Jahrhunderts. Deswegen soll in diesem Kapitel eine kompakte Übersicht gegeben werden, wie es in dieser Zeit um den deutschen Film generell bestellt war. Fuhrmann (2017, 8) nennt dieses „Early cinema [...] a cinema on its own right", welches für das ungeübte Auge oft unverständlich scheine und als primitiv in Form und Inhalt betrachtet werde. Um also die Figur und ihre Einordnung in der filmischen Hierarchie zu analysieren, bedarf es zunächst einer Einleitung, die Einblicke in zeitgenössische Rezeptionspraktiken und ästhetische Gestaltungsmittel gibt. Neben dem Status Quo der filmgeschichtlichen Entwicklung wird dabei auch die Funktion des Films als nationales Medium erläutert. Ausgehend von dieser Basis kann dann ein Blick auf die Figur im frühen Film und speziell die Inszenierung von schwarzen Körpern in dieser Zeit geworfen werden sowie die Entstehung des Kolonialfilms untersucht werden.

Die beiden Forschungsbeispiele stammen aus den 1910er und 1920er Jahren. Zu diesem Zeitpunkt war das Medium Film noch ein sehr junges Medium, hatte sich aber bereits rasend schnell entwickelt. Nachdem mehrfach in der Richtung des bewegten Bildes experimentiert worden war, gingen die Gebrüder Lumière im Jahre 1895 schließlich als Gründerväter des Films in die Geschichte ein. Müller (1989) kategorisiert diesen Typ der Frühzeit als „Kürzestfilm" (45) mit einer Laufzeit, die fünf Minuten nicht überschritt. Mit der Zeit entstanden dann die „Kurzfilme" (45), mit einer Länge von maximal 20 Minuten. Die kurzen Clips waren eine technische Sensation und dienten als Attraktion auf Jahrmärkten, in Varietés und Wanderkinos. Bis 1905 waren sie hauptsächlich Teil eines abwechslungsreichen Nummernprogramms, bis sie schließlich ihre eigene Bühne in ortsfesten Kinos bekamen (Müller 1989, 55). Inhaltlich ging es dem Bewegt-Medium zunächst darum, Bewegung zu zeigen – auf ganz unterschiedliche Weise. Aktuelle Berichterstattung spielte eine wichtige Rolle (Gunning 1990, 56), genauso wie „Impressionen aus aller Welt, Trickfilme und komische fiktionale Situationen" (Müller 1989, 46 f.). Was diese Filme verband, war das Konzept eines Kinos, das weniger Geschichten erzählte, sondern eher ein Kino des Zeigens war und das Gunning deswegen als „cinema of attraction“ bezeichnet (1990, 57). Diese Bezeichnung soll nicht den Trugschluss hervorrufen, das frühe Kino habe keine Narration gekannt. Bereits vor 1910 lassen sich Anfänge eines Erzählkinos beobachten (Jacobsen 1993, 18; Herv. i. Orig.). Aufgrund der beschränkten Erzählzeit war es jedoch schwierig, eine Handlung mit Charakteren aufzubauen – pointierte Aufnahmen dagegen wirkten besser. Das Kino war also ein zweifaches Spektakel: Einerseits durch seinen eigenen sensationellen Charakter, andererseits durch das Gezeigte – ein einmaliges Erlebnis, das entweder fiktional oder dokumentarisch war und selbst im Zentrum des Interesses stand (Gunning 1990, 58). Außerdem war es exhibitionistisch, d.h. selbstreflexiv und sich seiner Medialität bewusst. So adressierten die SchauspielerInnen oftmals direkt die Kamera (Gunning 1990, 57) und die Filme erhoben nicht den Anspruch, in ihrer filmischen Wirklichkeit eine vollkommene Illusion zu erzeugen (Müller 1989, 49). Was meist als Kritik am Film der Zehnerjahre aufgefasst wurde, nämlich die statischen, meist ungeschnittenen und distanzierten Aufnahmen, erwähnt Müller (1989, 67) in diesem Zusammenhang als gegebene Möglichkeit, als Publikum nach eigenem Belieben filmischen Raum zu entdecken, ohne von vorneherein gelenkt zu werden und sich absorbieren zu lassen. Ansonsten lässt sich hier feststellen, dass sich das Kino von den ersten Eindrücken einer unwirklichen Schattenwelt mit geisterhaftem Beigeschmack zu einer anerkannten Kunstform und realistischen Abbildung der Wirklichkeit entwickelte (Kessler 2015, 76f.; Herv. i. Orig.).

In diesem Zeitalter der technischen Innovationen und der Industrialisierung machte das Medium gewaltige Veränderungen mit – die Zehnerjahre waren die Entwicklungszeit kinematographischer Konventionen (Jacobsen 1993, 26-28.). Einen besonderen Katalysator für diesen Wechsel markierte aber der Erste Weltkrieg. Danach gewann das Kino als die neue kulturelle Branche zunehmend an Bedeutung und verlangte nach immer mehr Nachschub, um den wachsenden Bedarf zu stillen: Die Folge war ein Anstieg der Filmproduktion, auch der der Kolonialfilme (Fuhrmann 2017, 177). Die Filme wurden länger (Langfilm bis zu einer Stunde, abendfüllender Film bis zu drei Stunden) (Müller 1989, 43) und fiktionale Filme begannen, die Programme zu dominieren, da diese einfacher im Voraus zu planen waren (Fuhrmann 2017, 77). Diese Kalkulierbarkeit und „[...] die Konjunktur des Langfilms [...]“ sorgten dafür, dass „[...] [d]ie deutsche Filmwirtschaft prosperierte: Es entstand die *Filmstadt* Berlin [...]“, beschreibt

Müller (1989, 61; Herv. i. Orig.) die Anfänge der deutschen Filmindustrie. Und führt fort (43), dass mit den Zwanzigerjahren eine Epoche der Filmklassiker eingeleitet wurde, während die Zeit vorher als simpel und in diesem Sinne als nicht *filmisch* aufgefasst werde. Seit seiner Entstehung hat sich der Film in den ersten zwei bis drei Jahrzehnten rasant entwickelt. Vom anfänglichem Nummernprogramm bis zum abendfüllenden Spielfilm, von statischen Aufnahmen bis zur Kamerabewegung. Im Umkehrschluss lässt sich also über das Kino der zehner und zwanziger Jahre sagen, dass der deutsche Film in dieser Zeit einen fulminanten Aufstieg erlebte, sowohl als Wirtschaftsfaktor als auch als kultureller und gesellschaftlicher Einfluss. Das neue Medium war die Inkarnation des einsetzenden 20. Jahrhunderts: Modern, schnell, technisch innovativ. Die Filmgeschichte der Weimarer Republik erfährt dabei wesentlich mehr Aufmerksamkeit von wissenschaftlicher Seite als die Aufnahmen aus dem späten Kaiserreich. Wie der Film jedoch schon früh für bestimmte Zwecke benutzt wurde und auch rasch als nationales Medium verstanden wurde, wird im nächsten Abschnitt behandelt.

2.1 Deutsche Kinematographie

Neben dem amerikanischen Kino zeichnete sich das deutsche Kino am Anfang des 20. Jahrhunderts als globaler Marktführer der Filmproduktion aus. So kam es, dass sich Filmschaffende aus ganz Europa nach Berlin aufmachten, um dort Teil der florierenden Industrie zu werden. Internationale SchauspielerInnen wie Asta Nielsen und Pola Negri erlangten durch ihre Auftritte in deutschen Filmen Weltruhm. In diesem Abschnitt wird nun erörtert, woher die treibende Kraft kam, den deutschen Film als Marke zu etablieren und schon früh das Bild des ‚deutschen Volkes' medial zu kreieren. Zunächst war die nationale Filmproduktion in Deutschland relativ unbedeutend. Vor Kriegsbeginn lag sie amtlichen Statistiken zufolge bei etwa zwölf Prozent des gezeigten Programms und war im internationalen Austausch von keinem Gesetz reguliert (Jacobsen 1993, 22). So wurden viele Produktionen aus dem Ausland eingekauft. Während des Krieges ging es darum, Patriotismus zu fördern und durch eine „[...] Suspendierung der Filmeinfuhr aus Feindesländern [...]" (Kaes 1993, 39) ausländische Einflüsse fern zu halten. Im Gegenzug forderte die Spitze der dritten Obersten Heeresleitung – Erich Ludendorff – eine Vereinheitlichung der deutschen Filmindustrie zu Propagandazwecken – die Ufa als mächtigster deutscher Filmkonzern entstand (Jacobsen 1993, 37). Die Filmindustrie boomte und war nicht mehr länger nur eine kulturelle Randerscheinung: Im Jahre 1919 gingen täglich eine Million Menschen ins Kino (Kaes 1993, 39). Das neue Massenmedium war kulturell und ökonomisch bedeutend. Und wurde gleich von Beginn an zur Identitätsstiftung genutzt. Deutschland war zu diesem Zeitpunkt eine noch sehr junge Nation, die 1871 mit der Gründung des Kaiserreichs in einer kleindeutschen Lösung entstanden war. Gerade erst vereint, reihte sich Deutschland nun in die Reihe der Kino-Nationen, was einerseits eine internationale kulturelle Öffnung, andererseits aber auch ein erstarktes nationales Bewusstsein mit sich brachte. Dieses Paradoxon lässt sich folgendermaßen ausdifferenzieren: Da das frühe Kino ein stummes Kino war, erwies sich die Verbreitung als simpel. Gegebenenfalls mussten Zwischentitel übersetzt werden, aber die Handlung selbst konnte von ZuschauerInnen jeglicher Nation nachvollzogen werden. Balázs sieht darin eine neue Verständigungsform: „[...] die erste internationale Sprache: die der Mienen und Gebärden" (2001, 22). Sie werde die nationalen Unterschiede von Gestik und Mimik in der filmischen Darstellung allmählich auflösen (Balázs 2001, 22f.).

Gleichwohl hat diese scheinbare Überwindung der sprachlichen Barrieren auch ihre Abgrenzungen. Nicht alle Menschen sollten in und durch den Film gleichberechtigt kommunizieren. Balázs spricht hier von „[...] konkrete[m] Internationalismus [...]: die einzige und gemeinsame Psyche des weißen Menschen" (2001, 22). Und er vertieft diesen Gedanken noch: „Indem der Film ein einheitliches Schönheitsideal als allgemeines Ziel der Zuchtwahl suggeriert, wird er einen einheitlichen Typus der weißen Rasse bewirken" (ebd.). Filmgeschichte ist folglich von Beginn an auch verwoben mit Repräsentation, Idealen und Nationalismus. Das Kino als Medium des *Schauens* kreiert – ob fiktiv oder dokumentarisch – gewisse Bilder, und es an dieser Stelle betont zu werden, wie wirksam diese Bilder waren und immer noch sind. Balázs geht sogar noch einen Schritt weiter (2001, 22) und sieht diese „[...] gewisse Normalpsychologie der weißen Rasse [...]" als Basis einer jeden filmischen Erzählung. Gerade in dieser Entstehungsphase des Kinos, in der heftige Diskussionen über seine Beziehung zum Theater, seinen Nutzen und Schaden stattfanden und immer neue Reformvorschläge gemacht wurden, verbanden viele seinen kulturellen Wert mit einer nationalen Aufgabe. In einem Beitrag der Zeitschrift *Bild und Film* aus dem Jahre 1913/14 schreibt der Lehrer

Kickhöffel aus Uselitz über diese Aufgabe in seiner Zuschrift *Deutschtum und Kino (Kickhöffel 1913/14).*

Er zitiert darin zuerst Walter Rathenau, der vom Bedarf des Volkes nach germanischer Geistesleistung spricht und bei den geistigen Errungenschaften Westeuropas die besondere Stellung Deutschlands noch einmal hervorhebt (Rathenau 1912, zitiert nach Kickhöffel 1913, 271). Ferner nimmt Rathenau hier eine Abstufung vor, welche Skandinavien, England, Deutschland, Niederlande, den Nordwesten Österreichs und die Schweiz als globalen Mittelpunkt und kulturelle Führungsmacht ansieht – und den übrigen Nationen diese Fähigkeiten abspricht (272). Kickhöffel zitiert die ganze Passage und gibt Anregungen, wie das Kino Vaterlands- und Heimatliebe fördern (272) und schließlich „[...] rechte[r] Volkserzieher sein und Bausteine zu einer neuen deutschen Volkshöhe [...]" liefern kann (273). Mit dem Kino als Massenmedium versprach man sich, die breite Bevölkerung für nationale Inhalte zu gewinnen und sie in dieser Gesinnung auch zu einen. Paradoxerweise kündigt Kickhöffel seine Quelle als „Israeliten" (271) an, was Rathenau einerseits zu einem objektiven Beobachter ‚von außen' macht, ihn als Intellektuellen aber zusätzlich abgrenzt. Dass viele Filmschaffende jüdisch waren und viele internationale Stars dem deutschen Film zum Erfolg verhalfen, scheint gegen eine nationalistische Essenz zu sprechen. Aber trotz Austausch und kosmopolitischer Öffnung des Filmgewerbes richteten sich viele Inhalte doch nach Volkstümlichkeit. Denn obwohl Deutschland seit etwa 1880 vermehrt transnationale Beziehungen unterhielt, führten diese nicht zum Rückgang nationalistischer Gesinnungen, sondern wurden eher von zunehmender innerer Abgrenzung begleitet (Conrad 2010, 20-23). Als grobe Überschrift für all die unterschiedlichen Darstellungen und Auslegungen verband sie der „[...] Entwurf eines weißen Idealbilds [...]"(Nagl 2006).

Ein weiterer wichtiger Aspekt, der noch stärker auf die Erschaffung einer Nation zielte, war die filmische Herleitung der Deutschen als Nachfahren der Germanen, denn „[D]ie hohe Bedeutung nationaler Mythen im Prozess der Nationsbildung ist unbestreitbar" (Van Laak 2007, 267). Die Germanen, von Tacitus vor ca. 2000 Jahren in seinem Werk *Germania* erwähnt und während der Renaissance wiederentdeckt, wurden zum völkischen Idealtypus auserkoren. Kolbe hat in ihrer Arbeit den Stummfilm *Die Hermannschlacht* (D 1924) untersucht und resümiert, dass der Film „[...] Germanen und Deutsche in eine kulturelle und politische Tradition [...]" stelle, die außerdem ein gemeinsames „[...] Heimatland [teilten], dessen Freiheit und Autonomie von äußeren Feinden bedroht [würden]“ (2007, 251f.). Die Überlegenheit der Germanen sowie deren Menschlichkeit zeichnet sich in dem Film auch darin aus, dass sie sowohl als Charaktere mehr Identifikationsmöglichkeiten bieten als auch Liebesgeschichten erleben – im Kontrast zu ihren Gegnern, den Römern (262). Ebenso behandele der Film die Konstruktion von *Frau* und *Heimat* bzw. *Vaterland* als „[...] zu verteidigende „Güter“ [...]“ – gleichsam dem zeitgenössischen Nationalismus (263). Filme wie diese hatten also einen identitätsstiftenden Charakter und dienten dazu, dem zusammengeflickten Kaiserreich eine gemeinsame Geschichte zu schaffen. Auch Regiegrößen wie Fritz Lang nahmen sich der Aufgabe an (*Nibelungen,* D 1924). Doch nicht nur mittels mythisch-historischer Inhalte, auch in Komödien, Abenteuerfilmen etc. war der Drang nach Selbst-Findung und Abgrenzung zu spüren. Als Spiegel der sich verändernden Gesellschaft wurde das Kino also früh genutzt, um nationale Vorstellungen zu verbildlichen und sich selbst als deutsche Nation zu definieren.

Die Vorstufe jeglicher nationalistischer Tendenzen im Kino war also zunächst einmal die Präsentation des weißes Körpers als Normalität und Idealbild. Im nächsten Schritt wurden dann sogenannte *deutsche Eigenschaften* kreiert. Dafür dienten die Beschreibungen des Tacitus als Grundlage, beispielsweise der Bewegungsdrang und die Eroberung neuen Raumes (2009, 1). Diese verfestigten sich mit der Zeit als charakteristische und erkennbare Merkmale, die in kulturellen Darstellungen immer wieder aufgegriffen wurden. Schwarz (2002) sieht diese in der Figur des Perken (*Der Königsweg*, Malraux 1930). Zunächst dessen Intelligenz („Perken kannte das Land [...]“, Malraux 1999 (1930), 9), mit der Perken auch Wesen begreifen könne, die sich gänzlich von ihm unterschieden (Schwarz 2002, 98). Hinzu komme die besonders unterstrichene „[...] Effizienz [...], militärische Qualitäten, Ausdauer, Präzision und Organisationstalent.“ (ebd.). Es wird deutlich, dass sich nationaler Charakter am wirksamsten in der Figurengestaltung ausdrückt. Denn wie auch Lessing (1979, 294) betont, erfordere unsere Zuneigung einen einzelnen Gegenstand, Begriffe wie Staatlichkeit seien zu abstrakt, als dass wir dafür empfänglich sein könnten. Müller (1989, 66) nennt als Charakteristikum für den deutschen Film der Zehnerjahre den Starfilm, aber gerade nach dem Krieg und mit der aufblühenden und rationalisierten Filmindustrie verfestigte sich dieser Filmtypus. Mit zunehmendem Wiedererkennungswert, Identifikationsmöglichkeiten und der Etablierung eines Starsystems wurden DarstellerInnen und somit auch die von ihnen verkörperten Figuren immer bedeutsamer. Wie es um die Darstellung und Gestaltung von Figuren in der Frühzeit des Kinos bestellt war, wird im nächsten Abschnitt erörtert.

2.2 Figuren im frühen Kino

Um für die Analyse die Gestaltung der Charaktere in ihrer ursprünglichen Intention erfassen zu können, ist es zunächst notwendig, sich vom heutigen Standpunkt und den gegebenen ästhetischen Gewohnheiten zu lösen. Dafür muss die generelle zeitgenössische Figurengestaltung in Betracht gezogen werden, um die Untersuchung und anschließende Interpretation der Figuren nicht zu verfälschen. Denn besonders den Figuren der frühen Filmgeschichte werden heutzutage Attribute wie *Übertriebenheit, Theatralik* und *Künstlichkeit* nachgesagt. In diesem Abschnitt werden die Ursprünge dieser Vorwürfe herausgearbeitet und untersucht, wie Figuren im frühen Kino eingesetzt wurden. Dabei liegt das Hauptaugenmerk auf der Inszenierung des Körpers und – um auf die später folgende Analyse hinzuarbeiten – mit besonderer Berücksichtigung auch auf dem Auftritt des schwarzen Körpers. Wie bereits im ersten Kapitel erläutert, war der Film bei seiner Entstehung vor allem deswegen sensationell, weil er Bewegung darstellen konnte.

Deswegen lag es nahe, bereits in den ersten Aufnahmen der Filmgeschichte die eigene, menschliche Bewegung einzufangen. Als Vorreiter gilt der Film *Fred Ott's Sneeze* aus dem Jahre 1894 (R: William L. Dickson), in dem Fred Ott, ein Assistent von Thomas Edison, beim Konsum von Schnupftabak und anschließendem Niesen zu sehen ist. Dieses vermutlich erste Close-up der Geschichte legt den kompletten Fokus auf seinen Akteur und dessen Handlung. Und nachdem das Kino sich vom Experiment- und Jahrmarktcharakter befreit hatte und mehr hin zur Kunstform tendierte, entwickelte sich auch die Inszenierung des menschlichen Körpers als beliebte Thematik für zeitgenössische Intellektuelle. Besonders Balàzs misst Gestik und Mimik hohe Bedeutung für den Film bei: So beschreibt er zunächst die Verdrängung des menschlichen Geistes, der unter unzureichenden Ausdrucksformen wie dem Buchdruck und dem Wort als verwässertes Abbild des ursprünglich gemeinten Sinns verkümmert sei (2001, 16). Mit dem Film werde der Mensch wieder sichtbar, da sein körperlicher Ausdruck „[...] die visuelle Korrespondenz der unmittelbar verkörperten Seele“ sei (17). Balàzs bedauert die Tatsache, dass der „[...] hochgebildete Europäer[...], der über den größten Wortschatz verfügt“, in seinen Gebärden zu oft den „[...] ganz primitive[n] Völkern [...]“ nachstehe (19). Nicht nur bringt der Filmtheoretiker den körperlichen Ausdruck gleich wieder auf eine hierarchisierende Ebene, sondern macht ihn gleichsam zur Essenz des Films (25).

Doch woher rührt diese physische Kommunikation, welche die Figur erschafft? Zunächst handelte es sich bei den Personen vor der Kamera um jene Wissenschaftler (wie am Beispiel von Fred Ott zu sehen), die im Selbstversuch mit dem neuen Medium experimentierten. In anderen Produktionen wurden auch Laien eingesetzt wie bei den Brüdern Lumière und ihren Bahngästen am Gleis (*L'arrivée du train en Gare de la Ciotat*, F 1895). Mit der Professionalisierung des Films stiegen auch die Ansprüche an die DarstellerInnen. Naheliegend war es, TheaterschauspielerInnen für das neue Medium zu engagieren. Auch heute übernehmen BerufsschauspielerInnen beide Arbeitsfelder, aber damals war die Arbeit vor der Kamera ein Novum und musste erst erprobt werden. Kessler (2015) definiert den Begriff des *Theatralischen* wie folgt: „Theatralisch ist zu lesen als *nicht filmgemäß*, als *nicht natürlich*, als *übertrieben*; der Terminus bezeichnet somit letztlich etwas, das der Film zu überwinden hat, um wirklich Film zu werden“ (77f; Herv. i. Orig.). Als Charakteristika für die damalige Spielweise im Sinne der *Theatralik* nennt Kessler (78):

- Eine plakative Eindeutigkeit in der Gestik, die sich sowohl der Pantomime, des Alltäglichen und des Körperausdrucks der zeitgenössischen Lehrbühnen bedient.
- Eine Gestik, die nicht zur Interaktion mit anderen Figuren bestimmt ist, sondern vielmehr, um Emotionen und Intentionen an das Publikum zu vermitteln.
- Eine Darstellung, die keine Illusion des diegetischen Raums anstrebt und vermehrt die vierte Wand durchbricht.

Und da die Figuren sich nicht verbal ausdrücken konnten, sondern (abgesehen von ein paar knappen Zwischentiteln) die Situation gänzlich mit Hilfe ihres Körpers darstellen mussten, verlangte diese Performance nach einer Eindeutigkeit, um die Verständlichkeit bei den ZuschauerInnen zu gewährleisten (Kessler 2015, 79). Damit trug der Körper nicht nur die Verantwortung der narrativen Funktion – er konnte auch in sich zur Attraktion werden, indem er durch Gestik einen Spektakelcharakter erlangte (80) oder aber als Schauobjekt inszeniert wurde. Dabei ist immer wieder zu beachten, dass je kürzer der

Film, desto weniger Zeit für die Gestaltung der Figur. Müller (1989) benennt in diesen frühen Filmen zwei Erzählstrategien: die „[...] Überschaubarkeit des gezeigten Raumes und der prägnanten Positionierung der Figuren sowie der Reduktion der Spieler auf die zur Ausschmückung der Situation gerade eben nötige Zahl" (53).

Dabei sind ebenfalls immer die begrenzten Möglichkeiten der Inszenierung einer Figur zu berücksichtigen. Die Kamerabewegung war noch äußerst mühsam und ein Wechsel zwischen verschiedenen Einstellungsgrößen sehr aufwendig. Die meisten der anfänglichen Filme lassen Figuren deswegen in der Distanz einer Totale agieren, um die Handlung zeigen zu können. In der Nachkriegszeit wurde im deutschen Film nach amerikanischem Vorbild die „double-plot"-Struktur mit einer Action- und einer Liebes-Handlung merklich angewandt (19). Dieser Wandel war auch an den technischen Fortschritt geknüpft:

> Neben einer verstärkten *Psychologisierung* der Figuren durch die Handlungsführung kamen auch neue optisch-bildwirksame Strategien auf, um dem Interesse an den Figuren Dauer zu verleihen: Großaufnahmen, die durch im Krieg entwickelte neue Lichttechniken und lichtstarke Objektive mit langen Brennweiten leichter realisierbar waren, vermittelten die Gefühle der Schauspieler *hautnah.* (ebd.; Herv. i. Orig.)

Durch die zunehmende Bündelung der Filmindustrie und Rationalisierung der Produktion entwickelte sich ähnlich wie in Hollywood ein Genrekino. Dieses bot für Produzenten und Publikum den Vorteil, dass sie in der Ankündigung bereits wussten, was sie erwarten würde. So hatten bereits viele DarstellerInnen „ihre Rolle", für die sie immer wieder besetzt wurden. Auch die schwarzen SchauspielerInnen fanden sich in immer gleichen klischeehaften Darstellungen wieder. Tobias Nagl hat mit seiner Arbeit *Die unheimliche Maschine. Rasse und Repräsentation im Weimarer Kino (2006)* auf diesem Forschungsgebiet Pionierarbeit geleistet und die Präsenz schwarzer Körper im deutschen Film der Zwanzigerjahre eingehend untersucht.

In dieser Zeit kam ein immer größeres Interesse an fernen Ländern auf. Das war unter anderem durch neue Transport- und Kommunikationsmöglichkeiten und eine folglich immer näher zusammenrückende Welt bedingt, andererseits aber auch durch Entdeckungen wie dem Grab Tutanchamuns 1922. Diese Lust auf Exotik sollte auch im Film bedient werden, der ja schon seit Beginn dazu genutzt wurde, fremde

Länder auf die heimischen Leinwände zu bringen. Da Menschen anderer Ethnien damals in Deutschland noch sehr rar waren, bildeten schwarze und asiatische Darsteller eine begehrte Gruppe für Filmproduzenten (Nagl 2006, 542). Deren Konflikt bestand darin, einerseits in Zeiten weltwirtschaftlicher Krisen ein relativ geregeltes Auskommen zu haben, andererseits immer wieder dieselben rassistischen Bilder reproduzieren zu müssen. Nachdem in der Wissenschaft die Untersuchung der ‚Rassen' begonnen hatte, bedienten sich auch frühe ethnografische Filme einer Herabstufung anderer Völker, indem die ‚Eingeborenen' als Tiere (241) oder Kinder (243) dargestellt wurden. Durch den dokumentarischen Anspruch, den derartige Filme hatten, entwickelte sich auch der schwarze Körper zum Symbol für Authentizität, da mit ihm eben *Natur* gezeigt wurde – und von auch von den schwarzen DarstellerInnen im fiktionalen Film erwartete man, dass sie sich im Grunde nur selbst spielten (549f.). Nagl bezieht sich für deren charakteristische Eigenschaften auf einen Kommentar des *Film Kuriers* vom 20. Juli 1920: In diesem wird die Geschichte des *Herrn Neger Mpumpus* erzählt. Der Beitrag greife alle populären Aspekte der kolonialen Debatte wie „[...]Kannibalismus, Alkoholismus, Fetischismus, Faulheit, Kriminalität, groteske Mimikry; Zuhälterei, Animalität [...]" (549) auf und verkörpere damit das damals gängige Bild des Wesens von Menschen afrikanischer Herkunft und die Gestaltung der von ihnen gespielten Rollen. So seien Darsteller wie Louis Brody geradezu die Verkörperung „[D]ämonische[r] Männlichkeit [...]" (557) gewesen. Im exotischen Körper durfte die in der Weimarer Zeit zunehmende Auseinandersetzung mit der Sexualität thematisiert werden (382). Die Gestaltung der Figur lag primär auf ihrer Körperlichkeit – über persönliche Motivation, Gedanken und Innenleben erfuhr das Publikum nichts. Beliebte Rollen waren Boxer wie in Johannes Guters *Die Boxerbraut* (D 1926) oder Entertainer wie in *Miß Venuß* (D 1921). Die Rollen reduzierten auf Kraft, Musik und Sexualität – und waren alles andere als vielseitig, intelligent und ebenbürtig. Weil die Figuren der Forschungsgegenstände aber nicht im alltäglichen Setting Deutschlands inszeniert wurden, sondern als spezieller Bestandteil des *Kolonialfilms* zu verstehen sind, umreißt der nachfolgende Abschnitt diese besondere Gattung noch einmal.

2.3 Die deutschen Kolonien im Film: Inhalt und Instrumentalisierung

Ziel dieser Arbeit ist es herauszufinden, wie mittels der Kontrastierung von Figuren eine Hierarchie zum Ausdruck kommt. Um die Figurenanalyse tiefgreifend zu erstellen, muss zunächst ihre Verortung im Film untersucht werden. Der Kolonialfilm war ein spezieller Auswuchs in der deutschen Filmgeschichte und muss deswegen gesondert untersucht werden. Dafür soll einleitend eine historische Kontextualisierung vorgenommen werden, in der die zeitgeschichtlichen Umstände kurz erläutert werden und schließlich die Funktion und Produktion dieses Film-Typs nachvollzogen werden. Deutschland war im internationalen Vergleich erst spät in die Reihe der Kolonialmächte eingestiegen. Reichskanzler Otto von Bismarck war dafür bekannt, keine kolonialistischen Ambitionen zu haben und war eher um diplomatische Beziehungen bemüht. Dann aber wurden immer mehr Stimmen laut, man wolle auch endlich einen „[...] Platz an der Sonne“ (von Bülow 1907, 7) haben. Den Deutschen wird ein „[...] besondere[s] Verhältnis zum Fremden, [eine] Lust am Exotischen [...]“ nachgesagt (Schwarz 2002, 85) und man wollte auf gleicher Höhe mit den anderen Weltmächten stehen. Für den Wandel Bismarcks gibt es noch weitere Vermutungen, wie zum Beispiel von innenpolitischen Problemen abzulenken. Fest steht aber, dass Deutschland als Resultat der sogenannten „Kongo-Konferenz“ (1884/1885) folgende Gebiete als Kolonien erhielt (grobe Eingrenzung): Togo, Kamerun, Namibia (Deutsch-Südwestafrika), Tansania, Burundi, Ruanda (Deutsch-Ostafrika) sowie Inseln in der Südsee und Besitzungen in China.

Die Kolonien waren ökonomisch gesehen ein Verlustgeschäft und bestanden nur kurz: In Folge des verlorenen Ersten Weltkrieges wurden sie Deutschland aberkannt und unter den Siegermächten aufgeteilt. Trotzdem war der Kolonialgedanke damit keineswegs verloren: In der Weimarer Republik trauerte man um den Verlust der Kolonien und fühlte sich gekränkt, nicht mehr als moralisch integre *Erzieher-Nation* wahrgenommen zu werden. Deswegen machte sich ein Kolonialrevisionismus breit, der zwar nur ein rudimentäres Dasein in Politik und Gesellschaft fristete, aber im gesellschaftlichen und kulturellen Bewusstsein umso bedeutender war (Conrad 2012, 117). Wie aber ist der Kolonialfilm in diese Epoche einzugliedern? Das Kino kam in der Blütezeit des Kolonialismus auf und war bald schon das beliebteste Medium der ersten Hälfte des 20. Jahrhunderts (Fuhrmann 2010, 148).

Zu diesem Zeitpunkt war der Kolonialgedanke schon durch andere visuelle Darstellungen und Literatur aufgegriffen worden, und natürlich nahm sich das junge Medium Film ebenfalls der Thematik an. Die ersten Berührungspunkte damit hatte die westliche Welt durch eine grausame Inszenierung: „Die Ausstellung von Eingeborenen des Kolonialreichs begann Anfang des 19. Jahrhunderts als eine Art Freakshow" (00:07:13-00:07:22, John M. Mackkenzie, *„Die Wilden" in den Menschenzoos,* F 2017). Diese Praktik wurde dann in Völkerschauen und Menschenzoos fortgeführt. In Unkenntnis der Herkunftsländer glaubten die Betrachter an die Authentizität der Spektakel, so Lilian Thuram (00:08:55-00:08:59, ebd.). Gleichzeitig kam die Kamera als ‚wahrheitsabbildendes' Werkzeug der Wissenschaft zum Einsatz (00:35:44-00:35:50, ebd.): Der visuelle Beweis wurde zur Wissenskonfiguration (Langbehn 2010, 9) und zeigte scheinbar objektive unterschiedliche Merkmale von Menschen anderer Ethnien und legitimierte deswegen die Klassifikation in *races*[1]. Mit diesen Bildern waren die Menschen der wilhelminischen Zeit also vertraut, als der Kolonialfilm aufkam. Inhaltlich knüpfte dieser an die Erzählungen der Kolonialliteratur an. Als Begründerin gilt hierbei Frieda von Bülow, die mit Erfahrungsberichten von ihren Reisen die Leserschaft unterhielt. Die darin zu findenden „Eurozentrische[n] Einstellungen und Handlungsweisen, kolonialistische[n] Hoffnungen, das nationalistische Selbstverständnis und die offen zugegebene Rivalität gegenüber den historischen Kontrahenten im Wettstreit um die Eroberung Afrikas [...]" sieht von Hammerstein als repräsentativ für das ausgehende 19. Jahrhundert (2012, 12) und damit bestärkend für gängige Vorurteile und Klischees. Ein weiteres Zugpferd für die abenteuerliche Begeisterung für Afrika war der erfolgreiche Roman Peter Moors Fahrt nach Südwest (Frenssen 1906), der von der abenteuerlichen Reise des Soldaten Peter Moor erzählt.

In diese Vor-Prägung reihte sich der Kolonialfilm ein. Dabei ist diese Gattung an sich ein vage zu fassendes Objekt. Seine Anfänge liegen in frühen ethnografischen Aufnahmen, gehen dann über in Berichterstattung und Spielfilm; allen Formen gemein ist die Thematisierung der Kolonien. Die Unterscheidung zum Abenteuerfilm ist an dieser Stelle die spezielle Titulierung als Kolonie (im Gegensatz zum fernen Land, Urwald etc.) und sei es auch nur ideell. Zunächst waren es einzelne Wissenschaftler (anstatt Filmemachern), die sich aufmachten, die Kamera als forschendes Mittel einzusetzen, wie z.B. Hans

[1] Mehr zu dieser Konstruktion: Siehe Kapitel 4.

Schomburgk. Ethnografie-Filme versprachen, eine ganze Kultur in zwei Stunden vorzustellen (Rony 1996, 7). Aufgrund dieser Beanspruchung und der ideologisch geleiteten Inszenierung bringt Rony Ethnografie auch eher mit dem *Kino-Begriff* in Verbindung als mit der Bezeichnung *Aufnahme* oder *Footage* (8).

Die Mehrheit der Kolonialfilme war indes nicht fiktional, wie Nachrichten, Travelogues mit Landschaften oder Veranstaltungen und Jagdszenerien (Fuhrmann 2010, 85). Die Jagd war ein beliebtes Sujet, stand sie doch für Männlichkeit, Stärke und die Fähigkeit, das ‚Wilde' zu bezwingen. Der Travelogue gilt als die Form des kolonialistischen Non-Fiction-Films: Er zeichnet sich durch ein filmisches ‚Wandern' aus, zeigt beeindruckende Landschaften und vermittelt somit das Reisen um die Welt. Die Ferne rückte damit nah an Deutschland heran – die Aussicht wird als Ort lokalisiert und das Schauen selbst zur Erfahrung. Fuhrmann vermutet dahinter die Popularität des Genres Travelogue im frühen Kino (Fuhrmann 2010, 152) und beruft sich an dieser Stelle auf Peterson, welche die Spannung zwischen *normal* und *anders* als Charakteristikum des Travelogues sieht (Peterson 1999, 1 zit. nach Fuhrmann 2010, 152). Darin drücke sich auch die Exotik aus, die einerseits notwendig sei, um den Blick des Publikums zu verdienen, andererseits erstarre diese Exotik auch in der Distanz, konserviert als das *Andere* (ebd.). Und nicht nur Landschaften, auch Menschen werden mit dem Etikett *exotisch* betitelt – das bedeutet im Umkehrschluss: Sie werden als wild und primitiv dargestellt, ohne Technologie oder Archive und verfügen weder über Schrift noch Zivilisation (Rony 1996, 7). So vermischten sich wissenschaftliche Ansprüche und Information mit Unterhaltung – und banden die Ethnographie erfolgreich in die Populärkultur ein (Langbehn 2010, 6). Die Spielfilme griffen diese Themen wiederum auf – eingebettet in Liebes- und Abenteuergeschichten. Produziert wurden diese Filme erst von einzelnen reisenden Amateuren, dann im Auftrag der Deutschen Kolonialgesellschaft (DKG) und schließlich auch von der Filmwelt wie z.B. der Deutschen Bioscop-Gesellschaft. Die Regierung hatte nie offiziell Kolonialfilme produziert oder staatlicher Kontrolle unterzogen (Rony 1996, 85). Wie viele Kolonialfilme genau geschaffen wurden, ist nicht bekannt, aber die Untersuchung eines frühen deutschen Film-Journals ergab, dass im Rahmen von 1907 bis 1918 zwischen fünfzig und sechzig Kolonialfilme produziert wurden (Fuhrmann 2010, 149). Zwar befanden sich darunter auch viele Lehr- oder Anschauungsfilme, die zur Visualisierung von Vorträgen des DKG gezeigt wurden, aber ebenfalls solche, die als reguläres Programm im Kino zu sehen waren. Dabei hatten die Filme verschiedene Funktionen, je nachdem, wann sie produziert wurden.

Bis zum Kriegsbeginn sollten sie die Kolonien präsentieren und Begeisterung für das Projekt hervorrufen. Deutsche Auswanderer sollten in die Kolonien gelockt werden, um nationales Kapital zu erhalten (Gründer 2017, 28). Während des Krieges hatten sie propagandistischen Nutzen: Abwertung der anderen Kolonialmächte und Demonstration der eigenen (kulturellen) Überlegenheit. Nach dem verlorenen Krieg und dem Versailler Vertrag, der auch den Verlust der Kolonien mit sich brachte, war das Land gebrochen. Dass man von den anderen westlichen Mächten die Fähigkeit abgesprochen bekommen hatte, Kolonien zu führen, war eine Kränkung für die junge Nation: Die *Kolonialschuldlüge* sieht Gründer als Grundpfeiler des Weimarer Revisionismus (2017, 255). In Nostalgie schwelgend und die Kolonialzeit verklärend war der Kolonialfilm im frühen Weimarer Kino Balsam für das geschundene nationale Ego (Schwarz 2002, 228). Als im März 1919 die Kolonialarmee aus Ostafrika zurückkehrte, wurde sie festlich begrüßt – und Kolonialpolitik als Strategie erkannt, über parteipolitische Grenzen hinweg Einheit zu erzielen (Conrad 2012, 117). Die Deutschen waren nun als Schuldige des Krieges und unfähige Kolonialherren gebrandmarkt. Mittels der Filme versuchte man, die eigene Identität wiederzufinden und schließlich wieder die Rückgewinnung der Kolonien zu fordern.

Über Jahre hinweg diente der Kolonialfilm folglich als Projektionsfläche und Gegenüberstellung, um eine gewünschte Identität zu formen. Das Land ist dabei entweder exotische Wildnis oder domestiziertes Gebiet, in dem der Fortschritt erkennbar sein sollte, den die Deutschen gebracht hatten. Dieser Fortschritt war das Ziel des sogenannten *Kulturauftrags*. Nach deutschem Vorbild sollten die unter ihrem ‚Schutz' stehenden Gebiete ‚zivilisiert' werden. Dabei ging es primär um technische Entwicklung, (militärische) Ordnung sowie Verbesserungen der Hygiene. Diese Kulturarbeit galt als wohltätige Mission, um zur Entwicklung des sogenannten ‚dunklen Kontinents' beizutragen und den Kolonialbesitz international zu rechtfertigen. Die afrikanischen Kolonien dienten damit als ‚Spiegel Deutschlands' – als moderner, urbaner und somit vertrauter Raum (Fuhrmann 2010, 154), in dem Fortschritt und Produktivität an der Tagesordnung waren (155). Um diese technischen Errungenschaften noch besser wirken zu lassen, wurden afrikanisches Handwerk und der dortige lokale Handel als rückständig dargestellt (149). Die Figurengestaltung der Bevölkerung kam meist über Stereotype nicht hinaus: Diese griffen die Bilder des Travelogues auf, indem sie sich der Typen des Kindes oder wilden Kriegers bedienten – in beiden Fällen überwachungswürdig von Europäern (Bhabha 2004, 94).

Das aufstrebende Medium verkörperte wie kein anderes die Schnelligkeit und technische Innovation des 20. Jahrhunderts und wurde deswegen auch zum reflexiven Moment der Gesellschaft. Gerade deswegen diente es auch der Identitätsfindung der jungen Nation und unterstützte – in Überhöhung dieser Identität – die Legitimierung des Kolonialismus. Der Kolonialfilm fungierte dabei als Werbung für den Kolonialgedanken, als Propagandainstrument und Unterhaltung zugleich. Das Auftreten von Charakteren in den beiden Forschungsobjekten ist vor dem Hintergrund der zeitgenössischen Figurengestaltung zu sehen. Warum für diese Arbeit eine Analyse der Figuren als Methodik ausgewählt wurde, wird im nächsten Kapitel behandelt.

3. Methodik: Figurenanalyse

Zunächst sollen die Begriffe der *Figur* und des *Charakters*, die bereits im Verlauf dieser Arbeit als grobe Anhaltspunkte eingesetzt wurden, hier eine eingehendere Betrachtung finden. Des Weiteren soll dieser Abschnitt begründen, warum für die Untersuchung der Fragestellung eine Figurenanalyse als Methodik gewählt wurde und welche Schwerpunkte bei dieser gesetzt werden. Jeder Film hat seine HeldInnen und jede Filmepoche definiert sich über die Gesichter der DarstellerInnen. Große Namen sind für Produktionsfirmen ein Versprechen auf Profit, für das Publikum ein Versprechen auf gute Unterhaltung – und beinhalten einen Wiederkennungswert, der oft die Ankündigung eines bestimmten Genres impliziert. Teil des Starsystems ist das große Interesse an Privatem, aber hauptsächlich bildet sich der Mythos einer Berühmtheit um die Figur, die er oder sie verkörpert. Nicht nur der Cast ist also wichtiger Teil der Wirkung, die ein Film entfaltet, sondern auch die Figuren selbst. Schon auf dem Kinoplakat wird in den gezeigten Figuren deutlich, worum es in diesem Film geht. Weil die im Film dargestellten Ideale und Konflikte in einer Wechselwirkung – sprich einerseits als Inspiration, andererseits auch als Spiegel der Gesellschaft – die Rezeption des Publikums beeinflussen, sieht Bohrmann (2018, 39) vor allem die handelnden Figuren im Mittelpunkt.

Schon 335 v. Chr. setzte sich Aristoteles mit der Figur im Theater auseinander und sah diese als unser Abbild: „Die Nachahmenden ahmen handelnde Menschen nach“ (1992, 7). Beil, Kühnel und Neuhaus verweisen auf den lateinischen Ursprung der Figur (lat. figura – Gestalt) und dessen etymologischer Verwandtschaft mit Fiktion (lat. fictio) und fingieren (lat. fingere) (2012, 243). Diese sei ein Verweis auf den fiktiven Charakter des Mediums und als Unterscheidung zwischen Figur und realer Person (ebd.). Aber ob sie nun (wie in der Diskussion umstritten) „[...] verzerrte Menschenbilder vermitteln, als ideologische Instrumente dienen oder soziale Gruppen diffamieren“ (Eder 2014, 21), dienen sie doch in jedem Fall

> der individuellen und kollektiven Selbstverständigung, der Vermittlung von Menschenbildung, Identitäts- und Rollenkonzepten, sie dienen dem imaginären Probehandeln, der Vergegenwärtigung alternativer Seinsweisen, der Entwicklung empathischer Fähigkeiten, der Unterhaltung und emotionalen Anregung (12).

Figuren sind die Akteure, sie bringen die Handlung voran, liefern Projektions- und Identifikationsmöglichkeiten. Als *Charaktere* sind sie vielschichtiger aufgebaut und durchlaufen einen Entwicklungsprozess, als *Typ* entsprechen sie eher einem statischen Konstrukt. Figuren ohne jegliche Individualität, die nur in der Masse oder eher als Requisit auftreten, werden im Deutschen als Komparsen bezeichnet, im Französischen jedoch als ‚figurant' – was verdeutlicht, dass ihnen dort mehr Bedeutung zugestanden wird als in Deutschland oder zum Beispiel im englischsprachigen Raum (‚extra'). Meist finden sie keine besondere Erwähnung in Analysen, sollen aber aufgrund des Forschungsinteresses hier eine Berücksichtigung finden. Die Figuren bilden einen der zentralen Bestandteile des Films – Hickethier sieht in ihnen „[...]die wichtigsten Dimensionen des in der Geschichte zum Ausdruck gebrachten Konflikts [...]" (1993, 123). Deswegen werden sie für die Untersuchung dieses historischen und bisher eher rudimentär behandelten Typus des Kolonialfilms in den Fokus genommen. Da es in dieser Arbeit besonders um das im Film vermittelte Machtverhältnis zwischen Kolonisierenden und Kolonisierten geht, liegt das Augenmerk auf der Figurenkontrastierung, da in diesem Gebilde Abgrenzungen besonders deutlich werden. Welche Ansprüche der Regisseur konkret an den Film hatte, ist heute nicht mehr nachzuvollziehen, aber aufgrund seiner Haltung und der Einordnung der Filme in den historischen Kontext lässt sich so eine (beabsichtigte) Aussagekraft ermitteln. Dafür werde ich die Figuren als Artefakte behandeln, die als Symptom des zeitgenössischen Kontextes zu werten sind (Eder 2014, 137).

Der Anspruch ist folglich, die Figur so zu interpretieren, dass sie als ideologischer Träger fungiert. Dafür wird eine semantische Analyse erfolgen, d.h. die Bedeutung der Zeichen entschlüsselt werden. Einerseits impliziert das, die „[...] filmischen Mittel[n] und Strategien ihres Einsatzes[...]" (Gräf et al. 2014, 181) zu untersuchen, andererseits die Figuren in ihrer Gestaltung und Beziehung zu den anderen Figuren zu analysieren. Das Verhalten der Figuren, ihre Gestik und Mimik ist in den meisten Fällen an die Codes und soziokulturellen Prägungen der Alltagswelt angelehnt (Eder 2014, 342) – wofür ich bei der Analyse auf die Erkenntnisse aus Kapitel 2.2 zurückgreifen werde. Des Weiteren werden auch die DarstellerInnen und deren eventuelles Starimage erörtert sowie die physische Beschaffenheit der Figuren, da der Körper als Bedeutungsträger in semantischer Hinsicht zu verstehen ist (Gräf et al. 2014, 180). Wie bereits erläutert, hatte der schwarze Körper stets – obgleich er eine fiktive Rolle einnahm – einen Authentizitätscharakter.

Vor diesem Hintergrund ist die Wirkung des Films und der vermittelte beziehungsweise rezipierte Wahrheitsgehalt hier umso größer. Welche genaue Zielsetzung die Analyse hat, wie der angekündigte Hierarchiebegriff in diesem Zusammenhang zu deuten ist und warum die beiden Forschungsobjekte als Repräsentationen des deutschen Kolonialfilms ausgewählt wurden, beschreibt der folgende Abschnitt.

4. Analyse: Konstruktion *der Anderen*

Im Fokus der nun folgenden Analyse steht, ob sich durch die Figurenkontrastierung gewisse Hierarchiestrukturen ergeben. Dabei wird einleitend zunächst der hier verwendete Hierarchiebegriff definiert und das Konstrukt der oppositionellen Figurengruppen vorgestellt. Als Ausgangspunkt wird dafür Edward Saids *Othering* (1978) verwendet, in dem er die Gegenüberstellung von westlicher Welt und einem imaginierten Orient beschreibt. Außerdem soll in diesem Kapitel die Konstruktion *der Anderen* in der Wissenschaft noch einmal aufgegriffen und veranschaulicht werden, wie diese mit der Praktik des Schauens zusammenhängt. Damit beabsichtige ich, ein Schema zu schaffen, in das ich in der Folge die Figuren der Filme einordnen kann.

Der *Hierarchie*-Begriff ist als Leitmotiv dieser Arbeit zu verstehen. Gemeinhin versteht man darunter eine auf- bzw. absteigende Rangordnung und Machtstruktur. Hierarchie kann in verschiedenen Bereichen des Lebens festgestellt werden, wie in Unternehmen, Verwaltung oder Militär. Aber auch in Religionen und sozialen Gruppen gibt es Hierarchien. Die Ursprünge der Bezeichnung liegen im Griechischen (hierós-heilig, arché-Herrschaft) und stammen aus dem religiösen Kontext. Mehl fasst den Begriff in säkularisierter Form „[...] im engeren Sinne [...]einerseits [als] Gruppe (oder *Kaste*) der einen Staat Beherrschenden und Verwaltenden in Unterscheidung von und im Gegensatz zu den nicht daran Beteiligten." (2005, 318; Herv. i. Orig.). Wenn die „nicht daran Beteiligten" vom Staatsgeschehen aufgrund ihrer Herkunft und ihres Aussehens ausgeschlossen werden, handelt es sich hierbei um Diskriminierung mit nationalistischer bzw. rassistischer Ideologie: Die Hegemonie des weißen, westlichen Mannes, dessen selbsternannte Verantwortung es ist, über die anderen zu herrschen. Dabei kristallisieren sich zwei Merkmale heraus: *Whiteness* und *Otherness*. Wie aber sind diese beiden Begriffe zu fassen, die sich als übergeordnete Kategorien für die im Film gegenüber gestellten Gruppen benennen lassen?

Zunächst soll sich dem Label von *Whiteness* angenährt werden. In der wörtlichen Übersetzung aus dem Englischen erhalten wir das deutsche Äquivalent ,Weiße', eine ,Weiß-heit' bzw. ein ,Weiß-Sein'. Das lässt auf die Voraussetzung jenes hellhäutigen Körpers schließen, den Balázs auch als gewünschten Inhalt des Mediums Film beschreibt (siehe Kapitel 2.3). Wo aber liegen die Grenzen zwischen ,weißer' und ,farbiger' Haut (letzteres auch als *people of color* zu definieren)?

Natermann sieht das Aufkommen von *Whiteness* mit der Expansion der westlichen Welt in Gebiete ‚nicht-weißer' Menschen verknüpft (2018, 19). Da mit Expansionsbestrebungen häufig Eroberung, Rohstoffgewinnung und das Ausnutzen menschlicher Ressourcen verbunden waren, handelte es sich bei diesen Begegnungen meist nicht um einen Kontakt auf Augenhöhe. In diesem Zusammenhang lässt sich auch erahnen, dass sich *Whiteness* nicht allein über eine möglichst helle Haut definiert. Vielmehr steckt auch eine kulturelle Gruppierung dahinter, die sich als Vertreter europäisch-christlicher Werte der Post-Aufklärung versteht (Natermann 2018, 20). Dass es sogar innerhalb dieser Gruppierung Abstufungen gibt und dass diese Kategorie keineswegs ein stabiles System ist, erläutert Natermann anhand der Geschichte der USA: Der *melting pot,* das Einwanderungsland schlechthin, degradierte Iren und Juden zunächst ebenfalls als ‚nicht weiß' genug (ebd.).

Als Ziel dieser Abstufung kann nur eine Erhöhung bestimmter Gruppen gesehen werden und deren Legitimation, die Führungsrolle einzunehmen. Natermann versteht unter *Whiteness* deswegen sowohl Ideologie als auch politische Identität und ein Werkzeug, die globale Machtposition einzunehmen (ebd.). Diese fußt folglich auch darauf, dass *Whiteness* als Norm festgelegt und alle Abweichungen davon als ‚abnormal' bezeichnet wurden. Dieses ‚Abnormale' wurde dann zum Forschungsgegenstand. Entdeckungsreisen machten nicht nur Gebiete zum Objekt, das darauf wartete, von der westlichen Welt erschlossen zu werden, sondern auch die dort lebenden Menschen. Für die Kolonien bedeutete das konkret, dass nicht über ein Zusammenleben der unterschiedlichen Gruppen diskutiert wurde, sondern nur, wie diese Herrschaft aussehen sollte. Dass es eine Herrschaft geben musste, stand gar nicht zur Debatte. Auch wenn man Konflikte in den Kolonien zur Kenntnis nahm, wurde das System an sich nicht in Frage gestellt. Vielmehr legte man fest, welche Eigenschaften die Kolonialherren mitbringen mussten und entschuldigte Ausschreitungen mit persönlichem Versagen oder den äußeren Umständen (Schwarz 2002, 87). Sie wurden als alltägliche Herausforderung hingenommen. Um eine nachhaltige Hegemonie zu sichern, wurde eine (sexuelle) Trennung der ‚Rassen' angeordnet.

Der Rassenbegriff wurde im 19. Jahrhundert populär und hielt im öffentlichen Bewusstsein Einzug. So wurde er als Teil der Naturkunde verstanden und reihte sich neben die Einteilung der Tierwelt. Das Buch *Naturgeschichte des Tierreichs für Schule und Haus* nimmt gleich zu Beginn diese Klassifizierung vorweg: „Unter dieser großen Zahl von Menschen (hier sind 1,3 Mrd. weltweit gemeint) gibt es auch sehr verschiedene Gestalten, so verschieden, dass man sogar verschiedene Menschenformen unterscheiden muss, oder, wie man lieber sagt, verschiedene Menschenrassen." (1886, 3) In einer weiteren Einteilung werden die physiognomischen Eigenschaften näher erläutert, wobei die ‚weiße Rasse' einer Vielzahl von ‚farbigen Rassen' gegenübergestellt wird. In dem (scheinbar) wissenschaftlich-neutralen Begleittext werden die Abbildungen hierarchisch geordnet: „Die Mittelländer unter ihnen haben sich als die geistig am höchsten stehende Rasse über alle Erdteile verbreitet und beherrschen fast allenthalben die Eingeborenen" (ebd.). Diese einfache Beschreibung des *Ist-Zustands* verdeutlicht die angenommene Naturgegebenheit von *race* (Hall 1995, 19; Herv. v. mir) sowie den Status der Wissenschaft. Denn aus ‚neutralen Beobachtungen' wurde ‚Wahrheit' generiert. Abgebildete und beschriebene Unterschiede wurden nicht nur als Äußerlichkeit wahrgenommen, sondern auch auf die innere Beschaffenheit angewandt. Man schloss auf ein Erbgut aus andersartigen Genen, die sich dann auch auf andere menschliche Charakteristika wie Sexualität und Attraktivität auswirken sollten (Gilman 1985, 83). Im westlichen säkularisierten Anspruch versucht(e) man, alles zu kategorisieren und zu erklären. Dass bei einer schier unendlichen Diversität menschlicher Verhaltensweisen, kultureller Riten und Traditionen immer nur stichprobenartig anhand einzelner Beispiele beschrieben werden können, hinderte die wissenschaftliche Debatte nicht an einer Verallgemeinerung. Gilman beschreibt das Beispiel der Hottentottin Sarah Bartmann, deren Anomalie ihrer Geschlechtsmerkmale im 19. Jahrhundert als Repräsentation der schwarzen Frau im Allgemeinen angesehen wurde (1985, 88). Die Ausstellung ihres Leichnams führte zu einer Konzentration auf ihre Sexualität, hinter der ihre Menschlichkeit zurückblieb.

Dem Rassismus liegt folglich ein pseudo-wissenschaftlicher Ursprung zu Grunde, welcher immer weiter ausgeschmückt und begründet wurde. Nicht nur die Merkmale des einzelnen Menschen, sondern die ganze Entwicklung von ‚Rassen' wurde in der Forschung festgelegt. Viele bedienten sich des Sozialdarwinismus und ordneten die Rassen ab der untersten Stufe (Tierreich: Menschenaffen) über die ‚farbigen Völker' (mit den AfrikanerInnen als suggerierter *missing link)* bis hin zu Menschen der Kategorie *Whiteness*. Dieser Ansicht nach war die indigene Bevölkerung im Prozess stecken geblieben und deswegen nicht im Stande, das moderne Leben zu meistern (00:20:32-

00:20:40 *,Die Wilden' in den Menschenzoos*). Die evolutionstheoretische Zuschreibung des ,Primitiven' war gleichzeitig der Vorwurf einer animalischen Triebhaftigkeit, sodass man der schwarzen Frau eine niedere sexuelle Begierde zuschrieb (Gilman 1985, 85) und diese auch auf die generelle Sexualität ,der Schwarzen' adaptierte (83). Das Bild der enthemmten, ungezügelten Sexualität findet sich bereits in Reiseberichten aus dem Mittelalter (79) und verfestigt sich dann als Abgrenzungsmechanismus gegenüber den Kolonisierten und Hetze gegenüber den französischen Soldaten, die das Rheinland besetzten. Unter der Bezeichnung *Schwarze Schmach* wurde der Unmut über die neuen Besatzer ausgedrückt und in Literatur und Film Schauergeschichten von Vergewaltigungen an deutschen Frauen erzählt. An dieser Stelle wird auch deutlich, dass die Konstruktion *der Anderen* mit zwei Strategien am wirkungsvollsten ist:

(a) Wenn sich Wissenschaft und (Populär-)Kultur derselben Bilder bedienen. Dies entspricht ebenfalls dem *Orientalismus*-Ansatz von Said, der in der Konstruktion eine „[...] Methodik [beobachtet, welche] von Anfang an auf Rekonstruktion und Wiederholung beruhte." (2017, 147f.).
(b) Wenn es zwei Figurengruppen gibt, die entweder zur Identifikation oder zur Abgrenzung einladen.

Beide Strategien greifen einen wichtigen Aspekt der Hierarchie auf: Macht. Die Macht, nicht nur Wissen zu generieren, sondern auch Realität (114). Dazu kommt die Macht, sich als *Entdecker* und mehr noch: als *Erfinder* der *Anderen* präsentieren zu können (146 f.), indem man sich selbst als humanistisches Individuum versteht, das das Wesen seines Gegenübers mittels Erfahrung und Kenntnis beschreiben kann. Das Gegenüber an sich bleibt dabei nur ein Simulakrum im Sinne Baudrillards (1978), dessen Bild sich in sich selbst reproduziert, als hyperreales Gebilde ohne Verortung. Eine Begegnung mit *den Anderen* muss demnach gar nicht mehr stattfinden, da sie vom Westen bereits untersucht und kategorisiert worden sind. Dabei scheinen Erfolge wie die Aneignung bestimmter Gebiete im Zuge der Expansion im 19. Jahrhundert die vorherigen Annahmen nur zu bestärken (Said 2017, 147) und die theoretischen Schriften westlicher Gelehrter eine höhere Authentizität zu besitzen als tatsächliche Erfahrungen menschlicher Natur (113). Kurz gesagt: *Die Anderen* sind eine Konstruktion des Westens, an deren Gestaltung die Betroffenen selbst kein Mitspracherecht haben. Die westliche Perspektive bleibt dabei stets das *Wir* und ein Austausch findet nicht statt. Damit erfüllt sich die Gefahr einer Interpretation, die als Beschreibung angesehen wird und auf die Geertz hinweist: Dem Verständnis von Ethnologie als „[...] a variety of either long-distance mind reading or cannibal-isle fantasizing [...]“ (1973, 14). Die Machtposition zeigt sich hier folglich im (angeblichen) Wissen über *die Anderen* und in der Erhöhung der eigenen Person. So wurden vermeintliche *schwarze Eigenschaften* als Anlass genommen, auch hier die *weiße* Überlegenheit zu demonstrieren. Nagl erfasst die Pointe des Films *Die Boxerbraut* (D 1926) als Bestätigung des Triumphs der *Whiteness*: Willy Fritsch (mit Blackfacing) verkörpere den schwarzen Boxer so gut wie ein Schwarzer selbst – wenn nicht sogar besser (2006, 722).

Als die Kolonien noch wegen mangelnder Kommunikations- und Transportmöglichkeiten unzugänglich waren, konnte man in Deutschland auf nichts anderes zurückgreifen als auf das Bild, das die (Populär-)Ethnografie davon erstellte. Dieses Bild wurde als in sich schlüssig dargestellt, als Resultat eines Potpourris ökonomischer und nationaler Interessen. Die „weiße Überlegenheit“, männliche Allmachtfantasien und zuvor beschriebene zeitgenössische Anschauungen fanden sich in der rassistischen Haltung der Kolonialherren wieder (Natermann 2018, 37), aber auch im kollektiven Bewusstsein des Heimatlandes. Und zwar nachhaltig: Obwohl sich im Laufe der Kolonialzeit, aber vor allem nach dem Ersten Weltkrieg, die angekündigten *Wilden* (sei es als Arbeiter oder Soldaten) plötzlich in Europas Städten wiederfanden und dort ‚ganz normal' einen Kaffee tranken, hielt sich das Bild *der Anderen* doch hartnäckig.

Die Verinnerlichung dieses Bildes hängt vor allem mit dem Prozess des Schauens zusammen. Dieser impliziert einen Normalzustand für das *Wir*, während *die Anderen* aus Eigenarten und seltsamen Verhaltensweisen bestehen, die es zu beobachten gibt (Said 2017, 124). In dieser Beobachtungsrolle liegt die Behauptung einer Allwissenheit oder zumindest eines größeren Wissens, während diejenigen, die im Fokus der Beobachtung stehen, zum Objekt werden. Zu einem Objekt, das in dem Zustand konserviert wird, den es bei seiner Entdeckung gemacht hat. Baudrillard sieht in dieser ethnologischen Beobachtung einen Prozess des Einfrierens, der Sterilisation und praktischen Unsterblichkeit (1978, 18). *Die Anderen* werden so zu Ausstellungsstücken in einem ‚Kuriositätenkabinett' wie es Said nennt (2017, 125). In dieser Ausstellungspraktik sind sie gebannt in der Kategorie, in die sie zuvor eingeordnet wurden. Eine Veränderung oder Entwicklung ist nicht möglich. Das erläutert die Hartnäckigkeit dieser Bilder und deutet auch an, warum es so schwer ist, sich aus diesem starren System zu lösen – für Ausgestellte und Schauende gleichermaßen. So versuchten sich die Ethnologin Gulla Pfeffer und der Kameramann Friedrich Dahlsheim 1930 an einer ungewöhnlichen Herangehensweise: Mit *Menschen im Busch* drehten die beiden einen Dokumentarfilm, der die Dorfbewohner von Ewe bei ihrem Tagesablauf begleitete. Dieses spezielle Beispiel zeichnet sich dadurch aus, dass es bewusst „Menschen" zeigt (was bereits im Titel impliziert wird, aber auch im Verlauf des Films durch Präsentation der einzelnen Familienmitglieder). Damit hebt sich der Dokumentarfilm von der gängigen Darstellung der *Wilden* oder *Animalischen* anderer Aufnahmen ab. Ganz entkommt er dem Vorstellungskorsett nicht, denn die Tatsache, dass der Titel die Familie „im Busch" lokalisiert, verweist wieder auf die Annahme des verwilderten, unzugänglichen Areals, als das man die unerschlossenen Bereiche Afrikas angesehen hatte. Der Film beanspruchte für sich, noch das ‚wahre Leben der Primitiven' eingefangen zu haben und zielte damit wieder auf die vermeintliche Rückständigkeit der Menschen ab. Dieses Bild geografischer Imagination entwickelte sich als Hintergrund für die bis dato jahrelang zur Schau gestellten *Anderen.* Ob in Völkerschauen oder Menschenzoos – stets wurden die Menschen wie in einem Glaskasten präsentiert und suggerierten einen unverfälschten Einblick in ihren Alltag. Dieser scheinbare Querschnitt sowie eventuelle exotisch anmutende Pflanzen und Hütten regten zur geistigen Visualisierung der fernen Länder an, denen sie entstammten. Ebenfalls vermittelten die zur Schau gestellten Personen den BetrachterInnen ein Gefühl der Authentizität, da sie in sogenannter ‚natürlicher Umgebung und Tracht' gezeigt wurden.

Im Englischen gibt es zwei Begriffe, die als Äquivalente des *Schauens* gewertet werden können: *look* und *gaze. Look* ist dabei als Vorgang zu verstehen, etwas zu sehen, während *gaze* eher meint, den Blick gezielt auf etwas zu richten und aktiv eine Bedeutung darin zu finden. Laura Mulveys Arbeit zum *male gaze* ist hierbei als Beispiel anzuführen. In ihrer Arbeit weist sie dem (Mainstream-)Kino einen männlichen Blick nach, der – in Komplizenschaft mit dem Publikum – die Frauenfigur fetischisiert und ein patriarchalisches Weltbild reproduziert (1975). „The gaze in question is certainly the presence of others as such" konstatiert auch Lacan (2018, 84) und beschreibt damit die Relevanz des aktiven Blicks, um das Konstrukt *der Anderen* überhaupt zu erschaffen. Deswegen ist im Verlauf der Arbeit der

‚Prozess des Schauens' im Sinne des *gaze* zu verstehen. Denn er pointiert, dass es sich bei dem Blick auf *die Anderen* nicht um beiläufige Betrachtung, sondern eher ein Anstarren handele. In den Völkerschauen wurden die Menschen dem *Western gaze* ausgeliefert. So entstand nicht nur die Annahme, diese Menschen zu kennen, da man sie ja mit eigenen Augen gesehen hatte, sondern auch die einer „[...] naturgegebene[n] Hierarchie[...] zwischen den Rassen und Völkern [...]" (Conrad 2012, 88). Die ZuschauerInnen (in dieser Arbeit wird stets von der deutschen Bevölkerung ausgegangen) waren durch das Setting und die Aufforderung zur Betrachtung mit der Rolle der ‚Höhergestellten' befugt.

Konflikte in dieser Trennung zwischen *Uns* als Schauenden und *Denen* als Schaubobjekten beschreibt unter anderem Hans Jürgen Massaquoi in seiner Biografie *Neger, Neger, Schornsteinfeger,* der als Afrodeutscher eine Kulturschau im Tierpark Hagenbeck besucht hatte und von einem dort ausgestellten Afrikaner als „[...]einer von denen[...]" im Publikum entdeckt wurde (1999, 40-41). Auch gibt es Beispiele von „[...] Verweigerer[n] des Blicks: Samuel Maharero, der Sohn eines Herero-Herrschers, verweigerte folkloristische Kostümierung und trat nur im Anzug auf [...]", während Bismarck Bell die neugierige Menge durch ein Operngļas zurück-beobachtete (Conrad 2012, 89). Dieser Widerstand gegen das System von Trennung, Hierarchie und Rassismus trat jedoch nur vereinzelt auf und erzielte keine weitreichende Wirkung.

Zunächst waren es die Ethnografen und Forscher, die den Blick auf *die Anderen* richteten, dann die Bevölkerung in der Heimat. „Die Menschenzoos stehen für einen Übergang von einem wissenschaftlichem zu einem Alltagsrassismus" (00:0041:35-00:41:40 Pascal Blanchard *Die Wilden in den Menschenzoos*) und verankerten Überlegenheitsgefühl und Abwertung Anderer im kollektiven Bewusstsein. Zudem konnte mit derartigen Präsentationen die Herrschaft über ferne Länder demonstriert und auch dokumentiert sowie die Macht und Weltgeltung der eigenen Nation betont werden (Gutjahr/Hermes 2011, 27f.). Anschließend und ergänzend an die reale Zurschaustellung in den Menschenzoos und Völkerschauen ist die mediale Darstellung *der Anderen.* Zum einen war diese durch Reproduktion und damit größere Reichweite weitaus effizienter, zum anderen verdeutlichte sie den Hierarchiegedanken um einiges wirkungsvoller. Die Völkerschau an sich vermittelte schon eine Ideologie, hinzu kamen Kommentare und Ankündigungen der Veranstalter. Trotzdem standen sich Menschen gegenüber und die ZuschauerInnen verarbeiteten das Gesehene individuell.

Mit den Medien schaltete sich die Perspektive der AutorInnen dazwischen und beeinflusste einmal mehr die Wahrnehmung des Inhalts. Gerade Ideologien werden durch die (unbewusste) Wirkung viel stärker verinnerlicht. Hall sieht in den Medien den idealen Nährboden, wo der abstrakte Begriff der ‚Rasse' Gestalt annehmen kann: „They are also one place where these ideas are articulated, worked on, transformed and elaborated." (1995, 20). Die theoretische Konstruktion findet sich dabei in der Literatur wieder, wie z.B. bei der bereits erwähnten Autorin Frieda von Bülow. Durch ihre Kolonialromane ziehe sich ein grundsätzliches Gefälle zwischen den Deutschen als angehende Großmacht und der einheimischen Bevölkerung als ‚minderwertige' Kultur, merkt von Hammerstein an (2012, 33). Bei diesem Gefälle handelt es sich nicht um ein sanftes Auf- und Absteigen von Sympathie und Position. Auch gibt es keine Mitte, keine Grenzgänger oder Mischformen. Das Gefälle ist eher als Gegenüberstellung einzuordnen, als „[...]Kontrastfolie für die Konstruktion des Selbstverständnisses von *uns Deutschen* als geeinter Nation und erfolgreicher Kolonialmacht [...]" (35; Herv. i. Orig.) im Vergleich zu den EinwohnerInnen der Kolonien, die unterwürfig und unmündig erscheinen.

Vor Augen geführt wurde dieser Kontrast durch die Fotografie. Diese lieferte praktisch den bildlichen Beweis für die vorherrschende Annahme, dass die Unterschiede zwischen *uns* und *denen* eklatant seien. Die Fotografie habe die Menschen in Zivilisierte und Wilde eingeteilt (00:35:36-00:35:43 *Die Wilden in den Menschenzoos*) sowie eine Grenzziehung zwischen den ‚Rassen' möglich gemacht, so der Historiker Nicolas Blancel von der Universität Lausanne (00:36:36-00:36:43). Auf diese Art sei eine visuelle Abstufung – und damit Hierarchie – kreiert worden. Die nationalen Strömungen der Zeit setzten den deutschen Mann an die Spitze dieser Hierarchie, gefolgt von der deutschen Frau (in der herrschenden patriarchalischen Gesellschaft allerdings nur ideologisch), anderen Kolonialmächten und westlichen Staaten.

Dann erfolgte der hierarchische Übergang zum rassistischen Konstrukt, dass alle *Anderen* auf die unteren Stufen der Hierarchie stellte, je verschiedener sie schienen, desto weiter unten. Aufgrund dieser ideologischen Hierarchie waren in den deutschen Kolonien eine räumliche Spaltung, Abwertung der ansässigen Bevölkerung und Ausbeutung von Ressourcen und Mensch an der Tagesordnung (Gutjahr/Hermes 2011, 27f.). Die imperialistische Sichtweise betrachte die Afrikaner dabei auch nicht hauptsächlich als „[...] Bewohner einer bestimmten Region, sondern Angehörige eines Untertanenvolks" (Said 2017, 112). Und auch Conrad pflichtet Said hier bei, „[...] daß [sic!] das deutsche Bild von den Kolonien [...] orientalistisch war und so zur Konstruktion – und kolonialen Beherrschung seines Gegenstandes beigetragen hat" (2012, 89). Um folglich den deutschen Kolonialismus zu rechtfertigen und sich selbst unter dem Titel der *deutschen Nation* zu gruppieren, musste eine Konstruktion der *Anderen* her. Da es sich bei dieser sowieso um ein Gebilde der Imagination handelte, eignete sich der Film besonders gut, um dieses zum Ausdruck zu bringen, zu prägen und im Bewusstsein der Bevölkerung zu verankern. *Die Anderen* stellen dabei nicht nur eine unterschiedliche, sondern vielmehr eine untergeordnete Gruppe dar. Im komplexen Zusammenspiel von Nationalismus und Rassismus soll in dieser Arbeit der Fokus auf die Beziehung der Kolonisierenden zu den Kolonialisierten – Deutschen und AfrikanerInnen – gesetzt werden. Es wurde bereits konstatiert, dass Figuren dabei als identitätsstiftend wirken können. Im Folgenden soll anhand ausgewählter Filmbeispiele und den darin agierenden Figuren erörtert werden, wie die beiden kontrastierten Gruppen von *Wir* und *die Anderen* medial erkennbar sind und wie dieses in den Gruppennamen implizierte Gefälle zum Vorschein kommt. Die unterschiedliche Darstellung von Mann und Frau soll dabei nur insofern eine Rolle spielen, als dass die jeweilige Ausprägung der Geschlechter im Kontrast der Gruppen untersucht wird.

4.1 Auswahl der Forschungsgegenstände

In der Auseinandersetzung mit einem historisch-kulturellen Thema ist die Auswahl der Forschungsgegenstände von hoher Relevanz. Von den ursprünglich in dieser Zeit produzierten Filmen, die sich des Sujets der Kolonien annahmen, existiert heute nur noch ein Bruchteil. Viele Aufnahmen gelten als verschollen oder wurden zerstört. So kommt es, dass sich viele Ausarbeitungen nur auf der Basis von Film-Stills oder zeitgenössischen Kritiken dem Thema annähern können. Die wenigen Filme, die erhalten geblieben sind, befinden sich in Privatbesitz und/oder in der Sammlung von Archiven. Bis auf seltene Sondervorführungen ausgewählter Programmkinos und Montage von kurzen Ausschnitten in heutigen Dokumentarfilmen sind die Kolonialfilme der Öffentlichkeit nicht zugänglich. Die Recherche führte deswegen ins Bundesarchiv in Berlin, in dem einige der Kopien verwahrt werden. Bei Dr. Solf und Allein im Urwald handelt es sich um Stichproben eines zurzeit noch im Dunkeln liegenden Kapitels deutscher Filmgeschichte. Und obwohl sie nicht für alle Vertreter dieser Gattung sprechen können, liefern sie doch einen guten Einblick, was das Genre als auch die Thematik der Hierarchisierung angeht. Dabei stehen die Filme in starkem Kontrast zueinander: Mit Dr. Solf wurde 1913 ein Film gedreht, der noch während der Kolonialzeit entstand. Insofern lässt sich das Werk als eine Art Momentaufnahme verstehen, die im Zeitgeist der eigentlichen Kolonialepoche gemacht wurde. Kategorisch würde der Film als dokumentarisch eingestuft werden – als aktuelle Berichterstattung. Allein im Urwald hingegen ist ein Spielfilm aus den zwanziger Jahren – als die Kolonien folglich schon Teil der deutschen Geschichte und nicht mehr aktuelle Politik waren.

Diese Arbeit will weder einen direkten Vergleich der beiden Filme anstellen noch den Versuch unternehmen, eine Entwicklung zwischen ihnen festzustellen. Viel zu groß sind die Unterschiede in Produktion und Kontext. Trotzdem macht es Sinn, gerade diese beiden Filme zusammen in den Fokus einer Analyse zu nehmen: Denn ihr Kontrast wirft die Frage nach Authentizität in den Raum – und nach grundlegenden Strukturen, die Bestand haben. Es wird also ein Augenmerk darauf liegen, ob es Motive gibt, die sich wiederholen, und wie beide Filme ihre jeweiligen Figuren einsetzen. Die Relation der Filme wird folglich in den für das Forschungsinteresse entscheidenden Aspekten untersucht. Gerade beim Kolonialfilm, der ja auf ethnografischen Ansprüchen fußt, ist die Frage nach Authentizität und Fiktion gleichzeitig entscheidend und doch schwer zu beantworten. Nagl bezieht sich auf eine Filmvorführung des Forschers und späteren Filmemachers Hans Schomburgk und die dazu verfassten Kritiken, aus denen er schließt, die Aufnahmen hätten „[...] sowohl wissenschaftliche Bedürfnisse wie solche nach spektakulärer Unterhaltung“ befriedigt (2006, 249). Und damit greifen auch die beiden Forschungsobjekte ineinander: Sie liefern Informationen, aus denen sich schließen lässt, wie die Identität der Deutschen und AfrikanerInnen im damaligen Kontext konstruiert wurde. Gleichzeitig dienen sie der Unterhaltung. Im Kolonialfilm ist der Übergang zwischen Fiktion und Non-Fiction fließend und die klare Unterscheidung beider Formen demnach irrelevant. Wie Nagl konstatiert, habe beispielsweise Schomburgk bei seiner Arbeit Aufnahmen wiederholt eingesetzt und ältere nonfiktionale Aufnahmen bei deutschen Spielfilmen oder anderweitigen Dokumentationen verwendet (248). Um die vorliegenden Filme also angemessen zu analysieren, ist der Kontext zu berücksichtigen. Dabei steht weniger die Frage nach einer historischen ‚Wahrheit' im Vordergrund als die Aussage des Films. Beide Filme versprechen eine starke Fokussierung auf die Figuren (wie im Titel prinzipiell schon angedeutet wird: Dr. Solf und die im Untertitel benannte Afrikanerin) und sind deswegen als wertvolle historische Dokumente über den Einsatz von Figuren im Kolonialfilm zu verstehen. Zudem zeichnet sich bereits in dem Filmtitel die im Erkenntnisinteresse liegende Kontrastierung der Figurengruppen ab. Dr. Solf wird als Besucher Togos angekündigt. Damit wird das Publikum eingeladen, dieses unbekannte Terrain ebenfalls zu erfahren. Die Afrikanerin als Rache nehmende, gefährliche Frau steht direkt im ‚wilden Setting' des Urwalds und verknüpft so ihre Herkunft mit unerforschter Wildnis. In den folgenden Kapiteln werden beide Filme (schwarz/weiß und ohne Ton) nach ihren Darstellungstendenzen ‚weißer' und ‚schwarzer' Körper und die daraus resultierende Figurenbildung analysiert. Dafür wird eine kurze Einordnung der Filme vorgenommen und deren Hintergrund beleuchtet.

4.2 Filmanalyse Dr. Solf

Zunächst wird in diesem Kapitel der Produktionsanlass des Films erläutert, dann ein kurzer Überblick über Produktion und Vorführung gegeben und schließlich die Synopsis des Films beschrieben. Bei dem zu analysierenden Material *Staatsekretär Dr. Solf in den Kolonien (Togo im Film)* handelt es sich um einen Dokumentarfilm, der 1913 gedreht und 1913/1914 öffentlich gezeigt wurde. Der Film hat keinen feststehenden Titel, so dass er auch unter Abänderung des hier verwendeten Titels erwähnt wird. Die dem Bundesarchiv vorliegende Fassung hat eine Laufzeit von 7 min und 54 Sekunden. Bei diesem Film handelt es sich um die einzigen Aufnahmen eines deutschen Politikers in den Kolonien (Nagl 2006, 252). Im Jahre 1913 besuchte der damalige Staatssekretär Dr. Wilhelm Solf die sogenannte *Musterkolonie* Togo. Dieser Beiname rührte daher, dass es hier keine gewaltsamen Auseinandersetzungen gegeben hatte. Wie Conrad statuiert, waren die Deutschen nur durch ein paar Beamte präsent, während die lokalen Herrschaftsstrukturen hauptsächlich sich selbst überlassen wurden (2012, 30f.). Außerdem kam die Kolonie ohne Reichszuschüsse aus und war eine Handelskolonie, wenn auch ohne ökonomische Relevanz (ebd.).

Der Besuch war das Ende von Solfs zweiter Afrika-Reise und fand in Lomé, der Hauptstadt der Kolonie, statt. Erbar beschreibt Wilhelm Heinrich Solf als deutschen Diplomaten und Kolonialbeamten, der auch Jura und orientalische Sprachen studiert hatte (2010, 549f.). Bis heute gilt er „[...] unter allen deutschen Kolonialbeamten unumstritten als der beste und intimste Kenner einheimischer Kulturen" (Hiery 2001 in Erbar 2010). Der erste Gouverneur der Samoa-Inseln setzte auf Herrschaft auf der Grundlage bestehender Strukturen und adaptierte diese auch: So ließ er sich auch zum samoanischen König krönen und gab seinen Kindern landestypische Namen (Conrad 2012, 77). Solf stand für gemäßigte und bemüht gewaltfreie Politik und setzte sich einerseits für pflegliche Behandlung der BewohnerInnen ein, vertrat aber andererseits die Auffassung einer rassischen Separation (Erbar 2010). Gedreht wurden die Aufnahmen in Lomé und Atakpame im Oktober 1913. Regisseur des Films war der Afrika-Forscher und ethnologische Filmpionier Hans Schomburgk, der in diesem Jahr die ersten deutschen Dokumentar- und Spielfilme überhaupt in Afrika drehte (ebd.) Schomburgk filmte selbst auch, hatte für diesen Dreh aber ebenfalls Kameramann Georg Bürli engagiert. Unterstützt wurde er dabei von dem damaligen Gouverneur Togos, Herzog Alfred Friedrich zu Mecklenburg, der als einer der wenigen kolonialen Führungspersonen dem Medium positiv gegenüberstand und nach dem Krieg mit Schomburgk sogar die *Überseefilmgesellschaft* gründete (Langbehn 2010, 223).

Der Film wurde in Europa durch die *British Motion Pictures Sales Agency* und in Deutschland vom *Lichtbild-Vertrieb* vertrieben (Fuhrmann 2017, 189). Fuhrmann bezieht sich an dieser Stelle auf eine Ausgabe der Zeitschrift *Lichtbild-Bühne* aus dem Januar 1914 und folgert daraus: Um den Film zu bewerben, hatte *Lichtbild-Vertrieb* Solf um ein Statement bezüglich der Authentizität des Materials gebeten – damit wurde der Film dann als „einzigartiges ethnographisches und kulturelles Werk" angepriesen (ebd.). Bei Nagl findet sich die Abbildung eines Plakats, das die Vorführung bewirbt. Diesem zufolge fand eine Vorführung am 13.02.1914 statt (2006, 253).

4.2.1 Inhalt

Wir sehen den Staatssekretär bei seiner Ankunft am Pier von Lomé bei der offiziellen Begrüßung deutscher und einheimischer Würdenträger. Es folgt eine militärische Parade, Solf wird mit einer Sänfte durch die Stadt getragen, mit einer Rikscha transportiert und fährt mit der Feldbahn. Dann besucht der Politiker noch die Plantagen der Kolonie und begutachtet den Bau einer Telefunken-Station. Der Staatsekretär wird dabei begleitet, wie er die verschiedenen charakteristischen Stationen der Kolonie abarbeitet. Anschließend versammeln sich alle zum Empfang mit darauf folgender Parade, bestehend aus unterschiedlichen kulturellen und militärischen Gruppen. In der Schlussszene des Films nimmt Solf mit ein paar anderen (deutschen) Beamten auf der Veranda eines Hotels Platz. Ein einheimischer Diener steht an der Wand, ein anderer bringt eine Nachricht. Der Staatssekretär und die weiße Belegschaft der hiesigen Verwaltung amüsieren sich. Sie stoßen gemeinsam an.

4.2.2 Figuren: Dr. Solf, BewohnerInnen und das Militär

Da es sich bei den Bildern von *Staatssekretär Dr. Solf* um dokumentarische Aufnahmen handelt, ist an dieser Stelle nicht von einer klassischen Figurengestaltung auszugehen. Sein Besuch war ein reales Ereignis und auch er selbst eine reale Person. Trotzdem möchte ich gerne untersuchen, wie er und auch die anderen Beteiligten in diesem Film inszeniert werden. Der Dokumentarfilm entstand als eigenständiges Genre erst als Opponent zur fiktionalen Filmindustrie und wird von der Wissenschaft ab Robert Flahertys *Nanook* (USA/F 1922) mit dieser Bezeichnung gewertet (Paech 1990, 25). *Solf* fällt eher noch in die Zeit, als Filme nicht strikt kategorisiert wurden, da Produktion und Vermarktung noch in ihren Anfängen waren. Der Film ist deswegen als Mischung zwischen Berichterstattung und Unterhaltung zu sehen, der die heimische Bevölkerung einerseits informierte, andererseits mit erstmaligen Aufnahmen von diesem exotischen Schauplatz ins Staunen versetzte. Die Behauptung des Films, das Ereignis so abzubilden ‚wie es wirklich war', ist zusätzlich zu der generellen *Objektivität* dokumentarischer Aufnahmen bei Solf besonders zu hinterfragen. Einerseits war die Kamera zu diesem Zeitpunkt noch ein echtes Novum, vor allem für die Berichterstattung in den Kolonien. Die Beamten vor Ort und auch der Staatssekretär selbst waren sich der Aufnahme bewusst und natürlich auch darauf bedacht, ein gutes Bild abzugeben. Des Weiteren erlaubte es der technische Stand der Entwicklung nicht, die Position der Kamera rasch zu wechseln oder sich mit leichter Handhabung in die Menge zu mischen. Deswegen fasst der Apparat die Szenerie als Spektakel auf, das in der Distanz einer Totalen festgehalten wird. Um als Kamera eine zentrale Position auf der Paradestrecke einnehmen zu können, musste man die sich nähernde Truppe gegebenenfalls anhalten und arrangieren. Ein ‚unverfälschter' Einblick in den Empfang wird also nicht vermittelt. Außerdem lieferten die Aufnahmen dem Publikum erste, vielleicht sogar die ersten Bilder der Menschen aus den deutschen Kolonien und waren für das Bild *der Anderen* umso wichtiger.

Der Film entstand praktisch schon in der Endphase der deutschen Kolonialgeschichte. Die anfängliche Begeisterung für das Auslandsprojekt war bereits verebbt: Nur wenige Deutsche hatten als Aussiedler den neu gewonnenen Lebensraum in Anspruch genommen. Wirtschaftlich waren die Kolonien auch eher als Misserfolg zu verbuchen, sodass man zwar in Vorstellungen einer exotischen Fremde seiner Fantasie freien Lauf lassen konnte, zu den realen Kolonien jedoch keine intensive Bindung aufgebaut hatte. Die zeitgenössischen Kolonialfilme dienten deswegen der Werbung für den Kolonialgedanken. Welchen Eindruck die Kolonie und ihre Bewohner vermittelten, soll im Folgenden erörtert werden. Deswegen ist es sinnvoll, ihre Figurendarstellung und auch die der herrschenden Deutschen, insbesondere des Repräsentanten des Landes, näher zu beleuchten. Dafür werde ich zunächst die einzelnen Figuren(gruppen) vorstellen, dann den Fokus auf die hauptsächlichen Akteure legen und schließlich anhand einiger ausgewählter Sequenzen dem Forschungsinteresse dieser Arbeit nachgehen, indem ich Kontrastierung und Hierarchie herausarbeite.

Da in dem Film hauptsächlich Menschengruppen zu sehen sind, ist es schwierig, individuelle Zuschreibungen zu machen. Um die Figuren in ihrer Konstellation zu ordnen und in Kontrast zu setzen, ist eine Gruppierung notwendig. Protagonist des Films ist Staatssekretär Dr. Solf. Der Besuch des deutschen Politikers ist Anlass der Produktion und er selbst Akteur der Szenen. Er repräsentiert die deutsche Obrigkeit und die gesamte Riege der deutschen Kolonialherrschaft. Die anderen Kolonialbeamten werden dabei nur als Hilfsfiguren eingesetzt, die ihn begleiten und durch die Kolonie führen. Auf der anderen Seite steht die einheimische Bevölkerung Togos. Der Film verfolgt insofern keine narrative Struktur, als dass es keinen Konflikt gibt, der gelöst werden muss und die *Anderen* auch nicht als Antagonisten zu verstehen sind. Da der Terminus der *Bevölkerung* viel zu abstrakt und vielschichtig ist, als dass damit gearbeitet werden könnte, habe ich mich dazu entschlossen, die auffälligste Gruppe als Beispiel der *Anderen* auszuwählen: die Tänzer in der Parade. Entscheidend für die Dynamik und als Brücke bzw. Pendel zwischen den beiden Gruppen sind die Figuren der Askaris.

Dr. Solf ist ein Mann mittleren Alters und tritt wie die anderen Deutschen mit einem weißen Tropenhelm auf. Durch seinen etwas dunkleren Anzug hebt er sich von der weißen Kleidung der anderen Kolonialherren ab. Generell macht er einen entspannten Eindruck: Als er in der Kutsche Platz nimmt (00:01:09-00:01:20) wartet er geduldig, bis es losgeht, scherzt noch und gibt dann die Anweisung zur Abfahrt. Im Bild verkörpert er das Image, das er aufgrund seines Status´ und seiner Erfahrung pflegt: das eines routinierten Staatsmannes und überzeugten Kolonialisten. Die Askaris waren von den Kolonisten rekrutierte Einheimische, die als polizeiliche Schutztruppe auftraten. Ihr Einsatz (hauptsächlich) im Ersten Weltkrieg konstruierte das Bild des ‚treuen Afrikaners', das im Kolonialrevisionismus für propagandistische Zwecke genutzt wurde. Sie standen unter der Leitung deutscher Offiziere wie Paul Emil von Lettow-Vorbeck und traten in Uniform und unter deutscher Ausbildung als militärische Gruppe auf. Schon in Minute 00:01:02 wird ihre Einheit deutlich: Sie treten als disziplinierter Block auf und marschieren in Reih und Glied. Der Film zeigt die Bevölkerung Lomés und verschiedene militärische Gruppierungen, am auffälligsten zeigen sich hierbei die Tänzer. Ihr Charakteristikum ist die traditionelle Kriegstracht sowie die hüpfenden Bewegungen (00:05:37). Ihre Hierarchie innerhalb des filmischen Raums offenbart sich zunächst in der simplen Form ihres Auftretens. Während Solf schon als Protagonist eingeführt ist, agieren Askaris und Tänzer nur als Objekte seines Schauens. Um ein konkretes Bild dieser Hierarchie zu bekommen, werden im Folgenden drei Sequenzen und die darin vorkommende ästhetische und dramaturgische Darstellung der Figuren untersucht. Da es sich um einen Stumm-Kurzfilm in dokumentarischer Manier handelt, haben die Figuren einen zeitlich sehr beschränkten Auftritt und lassen sich nur mittels ihrer optischen Charakterisierung und ihres historischen Kontexts analysieren. Die erste entscheidende Szene des Films erfolgt gleich zu Beginn mit der ersten Einstellung (00:00:00– 00:00:18): Solfs Ankunft auf der Landungsbrücke. Hier erscheint seine Figur zum ersten Mal. Für seinen Auftritt ist die

Bildkomposition entscheidend: Solf geht über den Pier auf die Kamera zu und tritt dabei direkt als Hauptakteur in Erscheinung. Es wird klar: Seine Ankunft ist das besondere Event, auf das die Menschen in Togo und mit ihnen auch das Publikum gewartet haben. Der Pier wird zu einer Art rotem Teppich umfunktioniert. Solf schreitet ihn entlang, was ihm einen würdevollen Ausdruck verleiht. Er ist umringt von anderen Weißen, hebt sich aber durch seine etwas getönte Kleidung ab. Zu Beginn hält er kurz inne und grüßt einen Offizier mit militärischer Geste. Zu der Gruppe gehören noch weitere Offiziere und zwei Frauen – alle mit weißen Tropenhelmen und Kleidern/Uniformen ausstaffiert. Diese helle Kopfbedeckung war sicherlich Sonnenschutz, hatte aber andererseits auch die filmische Wirkung, einen strahlenden Kopf im Sinne einer Art Lichtgestalt zu symbolisieren. Der Pier befindet sich in der linken Bildhälfte, sodass Solfs Figur im Goldenen Schnitt liegt. Das Ende des Piers wird von einem kunstvollen Tor mit der togolesischen Kolonialflagge geschmückt.

Das Bild wird vertikal von einem Palmengewächs getrennt, sodass zwei Drittel die Ankunft Solfs auf dem Pier zeigen. Ein Drittel beinhaltet die Szenerie der Umgebung: Strand und Meer. In dieser rechten Bildhälfte sind zudem am unteren Bildrand ein paar Indigene zu sehen. Durch die Erhebung des Piers und ihre Position im Vordergrund erscheinen Solf und seine Gruppe groß und strahlend, während die Einheimischen in der hinteren Bildebene klein und dunkel wirken. Die Deutschen erscheinen zentral in der linken Bildhälfte und bewegen sich an der Palme vorbei nach rechts unten ins Bild.

Diese Aktion hat eine narrative Funktion: Solf und die Kolonialherren als Heilsbringer, die sich auf den ‚dunklen Kontinent' hinabbegeben, um dort ‚das Licht der Zivilisation' einzuführen. Eine Lichtquelle aus der oberen linken Ecke verstärkt diesen Ausdruck zusätzlich. Als weitere Ausstattung der Figur sehen wir links im Bild das Schiff, das Solf gerade verlassen hat – als Kontrast dazu rechts im Bild die wilde See. Obwohl der Staatssekretär in dieser Szene nur ein paar Schritte geht, vollzieht sich hier eine handlungsorientierte Charakterisierung, die ihn als Figur und gleichzeitig auch die Narration des Films pointiert. Nach einer Begrüßung Solfs der örtlichen Zuständigen, die der Reihe nach per Händeschütteln abgearbeitet werden, was eine geordnete Rechtmäßigkeit zum Ausdruck bringt (00:00:28-00:00:57), erfolgt die erste Parade zu Ehren des Kolonialpolitikers. Und hier eröffnet sich der zuvor beschriebene Prozess des Schauens: Der Auftritt der zweiten Figurengruppe – den Askaris – wird als Spektakel inszeniert.

Zwischen Begrüßung und Parade liegt ein kaum merklicher Zwischenschnitt: (00:01:01-00:01:02) In diesem sind die Beamten zu sehen, den Blick erwartungsvoll aus dem Bild heraus nach rechts gerichtet. Diese kurze Gestik kündigt an: Hier gibt es gleich etwas zu sehen. Was folgt, ließe sich spitzzüngig als Dressurvorführung beschreiben. Aus dem linken Hintergrund des Bildes nähern sich die Askaris. Ein weißer Offizier schreitet voraus, biegt dann vorne im linken Bildrand ab.

In einer Art Nachahmung folgt ihm ein schwarzer Offizier in weißer Kleidung, der den ersten Trupp der dunkel uniformierten Askaris anführt (00:01:04-00:01:20). Damit hat sich der weiße Offizier zum Publikum gesellt, während die Askaris Solfs Bewegung (narrativ und in der Kadrierung) imitieren. In der oberen Hälfte ist ein weiter Himmel zu sehen der nur durch ein paar wehende Fahnen durchbrochen wird. Gleichsam mit den stramm marschierenden Askaris ist dies als Sinnbild für eine Eroberung und Domestizierung des leeren Raums zu verstehen. Der Weg, den die Kolonialtruppe beschreitet, wird rechts und links von weißen Offizieren flankiert – einerseits als BetrachterInnen des Spektakels, andererseits als Begrenzung der Soldaten. Mit dieser Exposition knüpft Schomburgks Film an die militärische wilhelminische Gesinnung an und zeigt deren Wirken in der Ferne. Die Szene endet mit einem Schwenk nach links (00:01:21-00:01:28). Dort stehen – wieder etwas höher im Bild positioniert – die Deutschen und betrachten die Parade. Ihre strahlend weiße Kleidung steht im krassen Kontrast zu jener der Askaris. Solf ist im Schlussbild der Sequenz wieder im Goldenen Schnitt zu sehen. Von der Kamera in Szene gesetzt – aber auch von den schauenden Beamten, die sogar noch ein paar Schritte zurücktreten, um den hohen Politiker nicht zu verdecken. Dies verdeutlicht ein Bewusstsein der medialen Aufnahme und auch ein Bewusstsein für die Mission des Filmemachers: den Staatssekretär möglichst gut ins Bild zu setzen. Solfs Figur wird verwoben mit zwei Hauptmotiven: der Personifikation der deutschen Herrschaft in Togo und dem Fortschritt, den diese für die Kolonie bringt. Während seines gesamten Besuchs geschieht (in der filmischen Suggestion) alles nach Plan: Die Truppen führen ihre Parade vor, die einzelnen Gruppen sind an ihren Positionen, um ihn in Empfang zu nehmen, die Geschenke werden überreicht. Ein geregelter Ablauf, der die herrschende Ordnung demonstriert und den deutschen Politiker (als Stellvertreter aller Deutschen) als willkommenen Besucher zeigt. Damit bestätigt Solf das Bild des freudig empfangenen Gastes, das bereits Kolonialautoren wie Frieda von Bülow geprägt haben (von Hammerstein 2012, 35).

Der andere Aspekt ist der Gewinn, den Solf bzw. die Deutschen für die Kolonie bringen. Wie ein roter Faden ziehen sich technischer Fortschritt und Mobilität durch den Staatsbesuch. Dabei wird der Politiker meist vor ‚zivilisiertem Hintergrund' dargestellt, d.h. Kolonialbauten, den Errungenschaften der Deutschen wie die Telefunken-Versuchsstation. Auch Fuhrmann (2017, 188) hebt die Darstellung dieser ‚modernen Kolonie' hervor: Solf sei fast in jeder Aufnahme in Bewegung – in verschiedenen Transportmitteln. So suggeriere der Film eine gänzliche Erschlossenheit des Gebiets, in dem jeder Teil ‚zivilisiert' und gut zu erreichen sei (ebd.). Signifikant für diese Darstellung ist die Sequenz mit der Ankunft der Bahn in Atakpamé (Ortsangabe nach Fuhrmann 2017, 188) (00:03:38-00:03:52). In dieser Einstellung wiederholt sich die Bewegung vom linken Hintergrund des Bildes bis in den rechten Vordergrund. Solf und die anderen Deutschen sitzen auf der Feldbahn, die „[...]selbst ein triumphales, visuelles Symbol der kolonialen Infrastruktur [darstellt], das in vielen früheren Kolonialfilmen zentral figuriert“ (Nagl 2006, 252 f.). Der große Pulk der strahlend weiß gekleideten Deutschen hebt sich von dem dunklen Hintergrund der am Horizont und rechts und links mit Urwald bewachsenen Kulisse ab. Die Deutschen kommen über die Schienen – den Weg der Zivilisation – und wirken wie ein Lichtkegel, der die dunkle, urtümliche Umgebung erhellt. Die Bahn sieht Fuhrmann als die „colonizing machine“, die dem Publikum die technologische Überlegenheit vor Augen führte sowie Modernität und Zivilisation repräsentierte. Außerdem diente die Bahn dazu, auch das Hinterland für ökonomische Nutzung zu erschließen. Deswegen sei der Ausbau des Schienennetzes auch Priorität der deutschen Kolonialpolitik gewesen (Fuhrmann 2017, 201). Ein weiteres technisches Novum war der Bau einer Telefunken-Versuchsstation in Kamina (Nagl 2006, 253). Solf wird vor dieser platziert, in der oberen linken Bildhälfte (00:02:40-00:02:51).

An dieser Stelle teilen Solf und der/die BetrachterIn des Films erneut den *gaze:* Als Unterhaltung tanzen in der rechten Bildhälfte drei Stammeskrieger, die der Deutsche wohlwollend beobachtet (00:02:36-00:02:50). Während er und die anderen Kolonialherren an der Wand des Gebäudes stehen, erstreckt sich über den im Rhythmus wippenden Einheimischen einmal mehr die Weite des Himmels. In dieser Bildgestaltung um die Figur herum prallen die beiden Welten aufeinander –

aber in einer dem Publikum vertrauten Manier. Die Togolesen gliedern sich in die ‚deutsch' konnotierte Welt von Technik und Ordnung ein als die Performance, die sie schon bei Völkerschauen und sonstigen Vorführungen gegeben haben. Damit zeigen die Aufnahmen keine unbekannte Exotik, sondern knüpfen an bestehende Erfahrungswelten der deutschen ZuschauerInnen an (Fuhrmann 2017, 193). Solf ist folglich als Stellvertreter der Deutschen in der Kolonie und demonstriert durch seinen Aufenthalt sowohl die Zugehörigkeit Togos zum Deutschen Reich als auch dessen Tauglichkeit als neuer Lebensraum.

Der Kolonialpolitiker fungiert demnach als Beweis dafür, dass Togo kein wilder und gefährlicher Dschungel ist, sondern nur eine Ausweitung der deutschen Heimat (195). Außerdem suggeriert Solfs räumliche Präsenz eine unendliche Weite, die zur Nutzung und Bewohnung zur Verfügung steht und die er mühelos einnehmen kann: So wird wiederholt im Film gezeigt, wie Solf auf ausladenden Plätzen eintrifft (Bsp.: 00:02:26) oder für ihn der Weg frei gemacht wird (wie z.B. mit der Sänfte 00:06:49). In seinen Stationen arbeitet er alle kolonialistischen Aspekte ab: deren ökonomischen Gewinn durch die Plantagen (00:02:01-00:02:08), den erfüllten *Kulturauftrag* durch militärische Ordnung und technischen Fortschritt sowie die Berechtigung zu dieser Fremdherrschaft, die sich einerseits durch die Dankbarkeit der Bevölkerung ausdrückt (mit den Blumen für die deutsche Frau in Minute 00:01:58) als auch die Unmündigkeit der Einheimischen. Diese werden bei der zweiten (ob die Reihenfolge von Besuch und Aufnahmen gänzlich chronologisch ist, wird nicht ersichtlich) Parade polizeilicher Truppen noch einmal schematisch vorgeführt (00:04:43-00:06:48). Bevor die Demonstration losgeht, verwendet Schomburgk eine kurze Sequenz, in welcher Solf die deutschen Beamten in einer Halbtotalen begrüßt. Die einzelnen Männer stehen im Vordergrund, während im Hintergrund die Askaris aufmarschieren: Auch ohne direkte Kontrolle halten sich die Ordnung und alles läuft seinen geregelten Gang. Dann beginnt das Spektakel: Als erstes traben Reiter in arabischer Haussa-Kleidung (Nagl 2006, 253) durchs Bild (00:04:43-00:04:47). Im Hintergrund sind ein Kolonialbau und die zuschauenden Deutschen zu sehen. Dann folgt eine Gruppe von Askaris mit Speeren, die als einheitliche Reihen uniform das Bild durchqueren. Sie wirken wie eine Imitation preußischer Tugend und bewegen sich im Gleichschritt.

Doch ihr Prozedere wird wie zuvor als Performance inszeniert: Sie haben keineswegs den Status deutscher Soldaten, d.h. sie stellen keine militärische Macht, sondern werden in ihrer Funktion als Auftritt eines großen Spektakels eingesetzt (Oksiloff 2001, 77). Diese Reduktion ihrer Aufgabe beschreibt auch die Unmöglichkeit einer Erfüllung des deutschen *Kulturauftrags*: Trotz aller Bildung und militärischen Erziehung können die Einheimischen niemals den angestrebten Zustand eines mündigen Individuums erreichen (sie können nicht ‚weiß' werden). Sie verharren für immer in einer Simulation und können doch nichts an ihrem Status ändern. Die Askaris marschieren diszipliniert (00:04:48-00:04:57), während die Nachfolgergruppe als bunt gekleidetes Fußvolk und ebenfalls mit Speeren ausgestattet eher ungeordnet hinterher läuft (00:04:58-00:05:05). Das nächste Bild beginnt mit einer anderen Einstellung: Die Gruppe bildet eine tanzende horizontale Linie, die von schwarzen Kolonialpolizisten in Zaum gehalten wird. Die Assoziation einer Tierherde mit begleitendem Hütehund liegt nahe, vor allem, da der Beginn der Einstellung eine zivilisatorische Leere (weiter Himmel, viel Bodenfläche) ausdrückt und ein darauf einsetzender Schwenk (00:05:09-00:05:15) die Besiedlung des Landes durch den Kolonialbau demonstriert. Die tanzende Menge erscheint als pulsierende Masse, die kaum zu bändigen ist. Als Steigerung dazu erscheint die Gruppe der Stammeskrieger, die eine Art rituellen Tanz aufführen. Sie sind nur sehr spärlich bekleidet mit ein paar Fellen und tragen weißen Federkopfschmuck, welcher so sehr mitwippt, dass er selbst lebendig wirkt (00:05:34-00:06:07).

Diese Aufmachung markiert die Urtümlichkeit der Gruppe und auch ihre Verbindung zum Animalischen. Die Tanzenden bewegen sich rhythmisch und stehen damit im Kontrast zu den eher steifen Gesellschaftstänzen des wilhelminischen Deutschlands. Ihre Bewegungen rufen Assoziationen einer musikalischen Untermalung durch die Trommel – die als das „primitive" Instrument galt – hervor. Es folgen weitere Gruppen mit und ohne Speere, sie tragen europäische Hosen und afrikanische Kaftans. Den Abschluss der Zeremonie bilden wieder die Tänzer – diesmal jedoch in einer anderen Einstellung. Sie ziehen nicht an der Kamera vorbei, sondern sind oppositionell zu ihr aufgebaut und erschaffen damit erneut eine Beobachtungsposition (00:06:40-00:06:48). Dass sie das Ende des Spektakels markieren (zumindest filmisch), ist als Zusammenfassung der vorherigen Gruppen zu werten – sie sind der letzte Eindruck, der bleibt und damit die Essenz der Kolonisierten, die, ganz gleich ihrer Kleidung, doch eigentlich „wild" bleiben. Diese Vorführung ist aber auch als abstufendes Schema zu werten, als Rücklauf der Evolution (Oksiloff 2001,

78f.), das von der höchsten Stufe menschlicher Entwicklung (die deutschen Beamten, die die Stufen ‚unter sich' betrachten) bis zur untersten (tanzende Stammeskrieger) die einzelnen Gruppen aufzeigt. Dabei ist bemerkenswert, dass diese Gruppe nicht nur die Strecke entlang schreitet, sondern sich tänzerisch fortbewegt. Nagl bezieht sich hier auf eine Aussage eines Forschungsreisenden namens Rudolf Pöch, der im Jahre 1907 die besondere Verwendbarkeit von Tänzen konstatierte: Die eingefangenen Bewegungen repräsentierten eine ganze Lebenswelt und die *primitive* Kultur sei im Tanz an den Körper gehaftet und somit gut darzustellen. Diese Körperlichkeit eigne sich deswegen gut, um Aufnahmen außerhalb Europas zu machen und diese gegen die westliche Vernunft abzugrenzen (Pöch in Nagl 2006, 250; Herv. i. Orig.). Rony ist gleicher Auffassung: Der ‚Eingeborene' werde mit seinem Körper gleichgesetzt – sein Tanz wiederum als ‚Wildheit' wahrgenommen. Rony sieht den Tanz an sich beinahe als Spektakel an, der auch von der Distanz eines Publikums betrachtet wird (Rony 1996, 65).

Diese Inszenierung findet sich häufiger im Kolonialfilm: Der Tanz wird in einer Totale eingefangen, sodass der einzelne Mensch nie im Fokus ist, sondern nur die Gruppenbewegung festgehalten wird. Die Kamera hält dabei immer Abstand zu den Tanzenden, sodass sie in ihrem Setting eingerahmt bleiben wie in einem Schaukasten. Diese Ästhetik findet sich zum Beispiel auch bei einem der frühesten Kolonialfilme: *Vom Leben der Kate auf Deutsch-Neuguinea* (D 1906), in dem verschiedenen Regionen bestimmte rituelle Tänze zugeschrieben werden wie etwa *Geistertanz im Binnenland.* Dargestellt werden diese ebenfalls in einer Bühnenästhetik: in der Totalen und mit Palmen und einer Hütte als Hintergrunddekor. Abgesehen von den Bewegungen ist Nacktheit ebenfalls charakteristisch für die ‚Eingeborenen'-Tänze. Diese verstärkt den Eindruck der Körperlichkeit und des eskapistischen Exotismus einmal mehr. Denn wie Nagl demonstriert, war der ethnografische Modus das Schlupfloch, um trotz strikter Zensur doch nackte Körper auf der Leinwand zeigen zu können. Die Nacktheit der Indigenen sei so mehr und mehr zum Charakteristikum des Kolonialfilms geworden (2006, 250). Die Schlussszene von *Solf* ist als bezeichnendes Resümee zu verstehen: Solf und die anderen Deutschen haben auf der Veranda eines Hotels Platz genommen. Als Umgebung sind nur die Fassade, der steinerne Boden und einige Zierpflanzen zu erkennen. Die Deutschen sitzen auf Stühlen, an der Wand steht ein schwarzer Hotelboy, ein anderer Diener bringt ein Dokument und verlässt die Szene dann wieder. Solf betrachtet das Papier und reicht es anschließend weiter. Die Gruppe scheint sich nicht weiter damit auseinandersetzen zu wollen und schenkt ein Getränk ein. In der letzten Einstellung ist der Tisch mit den Getränken im Zentrum des Bildes. Diese Szene versichert noch einmal die herrschende Ordnung: Die Einheimischen dürfen nur in ihrer Funktion als Dienstboten die Grenze überschreiten und sich im deutschen Sektor aufhalten. Der Grund ihrer Anwesenheit beschränkt sich auf Dienstleistungen und das Warten auf Anweisungen. Da auch die afrikanischen Würdenträger nicht sichtbar (und deswegen absent) sind, besteht Grund zur Annahme, dass auch in Togo eine räumliche Separation zwischen Kolonialherren und Kolonisierten herrschte. Das suggerierte dem deutschen Publikum und potenziellen Kolonialinteressierten, dass man auch in der Fremde „unter sich“ bleiben konnte. Dass Solf und die anderen den Besuch mit einem Getränk beenden, symbolisiert die „westliche Genusskultur“ und ist als Lockruf zu verstehen, dass ein Leben in den Kolonien nicht nur Entbehrungen und Arbeit bedeutet.

4.2.3 Machtgefälle

Der *Solf*-Film ist ein gutes Beispiel für die „objektive“ Darstellung von Kolonialherren und Kolonialisierten. Er zeigt, dass der oft unterschätzte frühe Film der 1910er Jahre keineswegs ein amateurhafter filmischer Versuch war, sondern im Gegenteil bewusst inszeniert wurde. Nagl beschreibt ebenfalls die durchscheinende Narration in der dominierenden frühen „Ästhetik der Ansichten“, welche „[...]die koloniale Usurpation miniaturisiert abbildet: Ankunft (Landnahme) – Kultivierung des Lands und Domestizierung der „Eingeborenen“ – Anerkennung der Herrschaft – Siedlung (Idylle)“ (2006, 254). Damit wird Solfs Funktion als Protagonist deutlich: Er liefert ein Identifikationsangebot mit den Kolonisten (Rony 1996, 83). Als hoher Politiker verkörpert er Autorität und deutsche Obrigkeit und ist deswegen Projektionsfläche einer ‚admirativen Identifikation’ (Jauss 1982 zitiert bei Beil et al. 2012, 260). Er ruft Bewunderung hervor und hat eine Vorbildfunktion. Im Film ist er der Anknüpfungspunkt für das Publikum, das ihn bei seinen Erfahrungen in Togo begleitet. Ästhetisiert wird seine Protagonistenrolle durch seine Bildpräsenz: Er ist stets im Fokus, oft im Vordergrund oder auf höherer Position als die anderen Figuren wie Tänzer oder Diener. Auch die einheimischen Würdenträger, die er erst nach der deutschen Belegschaft begrüßt und die auch erst nach dem Aufmarsch der Askaris gezeigt werden (00:01:38-00:01:40) wirken neben ihm unbedeutend. Untermauert wird seine Machtposition durch den Prozess des Schauens: Er beobachtet, genauso wie das Publikum, *die Anderen* in der Kolonie. Die Selbstreflexivität des Mediums Film als unterstützendes Instrument dieses Schauens ist durch die bewusste Darstellung einer zweiten Kamera gewährleistet (00:02:00-00:02:06). Damit werden das Leben in der Kolonie und seine BewohnerInnen einmal mehr als Spektakel charakterisiert (Nagl 2006, 254).

Im Kontrast dazu stehen *die Anderen*. Die Askaris als Imitation der deutschen Kolonialherren sind das Aushängeschild der Kolonie und haben deswegen auch die höchste Stellung der Gruppe. Während Solf als Individuum gekennzeichnet wird, treten sie nur gesammelt auf. Sie sind diszipliniert und kontrollierbar und deswegen der erstrebenswerte Zustand der ‚Schutzbefohlenen'. Die tanzenden Stammeskrieger hingegen stehen noch auf der Vorstufe zu diesem Status: Sie sind äußerlich und durch ihre Bewegungen als ‚Wilde' gekennzeichnet und legitimieren somit eine Ordnung von außen. In bildlicher und narrativer Darstellung wirken die Askaris und Tänzer im Vergleich zu Solf als unmündige Masse. Man könnte auch an dieser Stelle das im Zuge der Kolonien beliebte Motiv des Königs und seiner Untertanen heranziehen. Die Narration impliziert außerdem eine freudige Erwartung des ‚Königs' (des weißen Mannes), um diesem dann die heimischen Ressourcen zu demonstrieren. Es wird in der Zusammenfassung also deutlich, dass – obgleich *Solf* kein Spielfilm ist – er durchaus narrative Strukturen besitzt und sich deswegen für eine Figurenanalyse ergiebig zeigt. Dabei lässt sich ein Machtgefälle zwischen Solf (als Repräsentant der Deutschen) und den Askaris bzw. Tänzern (als Beispiele der einheimischen Bevölkerung) feststellen. Solf symbolisiert dabei die Führung, *die Anderen* wirken dieser bedürftig. Dass eine Entwicklung unter deutscher Herrschaft möglich ist, demonstriert die Kontrastierung zwischen Tänzern und Askaris. Durch Haltung und äußere Erscheinung werden die beiden Gruppen in der evolutionären Hierarchie eingeordnet.

Resümierend lässt sich also feststellen, dass in diesem Film ein sehr unausgewogenes Machtverhältnis besteht. Solf ist nicht nur alleiniger Träger und Initiator der Handlung und dominierend in der Bildpräsenz, sondern wird aufgrund seiner Eigenschaften auch als Vorbild inszeniert. Wie Emilie de Brigard feststellt, waren Kolonien aufgrund ihrer guten Zugänglichkeit oft der erste Drehort für Ethnografen

(1995, 13). Ethnografische Filme implizieren schon häufig den imperialistischen Gedanken, der sich auch im *Solf*-Film wiederfindet.

4.3 Filmanalyse *Allein im Urwald*

Nachdem mit *Solf* bereits ein Einblick in die Figurengestaltung im Kolonialfilm gegeben wurde, folgt nun die Analyse des Spielfilms. *Allein im Urwald. Die Rache der Afrikanerin* aus dem Jahre 1922. Zunächst wurde er als *Allein im Urwald* im Januar veröffentlicht und kam dann als *Die Rache der Afrikanerin* im Februar erneut in die Kinos (Lamprecht 1968, 388 in Rogowski, 236). Er entstand also zu einer Zeit, in der Deutschland sich infolge des verlorenen Weltkriegs und des Versailler Vertrags von seinen Kolonien trennen musste. Filmhistorisch waren die Weimarer Jahre die Blütezeit des deutschen Kinos: Studio- und Starsystem waren bereits gut ausgebaut und hatten in Berlin das Zentrum des europäischen Films gefunden. Ideologisch zog sich eine kolonialrevisionistische Gesinnung durch die Gesellschaft und man war bemüht, sich nach Zuschreibung der Kriegsschuld und Verlust der Schutzgebiete als die moralisch und kulturell überlegene Nation darzustellen, für die man sich hielt. Zu diesem Zeitpunkt kam *Allein im Urwald* auf die Leinwand und stieß auf positive Kritiken (Nagl führt hier einige Beispiele an: 2006, 477). Der Film wird als „Raubtiersensationsfilm in 7 Abteilungen" (00:00:13) angekündigt und verspricht so Spektakel und Unterhaltung. Regie führte Ernst Werndt. John Hagenbeck, der bekannte Tier- und Völkerschauenaussteller, wirkte ebenfalls an der Produktion mit. Dass dem damaligen Publikum zusätzlich zur Unterhaltung jedoch auch Authentizität angekündigt wurde, zeigt die Unterteilung in den Credits in „Europäische" und „Exotische" Bauten – sowie der Hinweis darauf , dass letztere von einem diplomierten „Experten" (Dr. Friedrich E. Stier) angefertigt wurden. Im Folgenden werde ich nun kurz den Inhalt des Films erläutern, bevor ich anschließend in die Figurenanalyse einsteige.

4.3.1 Inhalt

Ingenieur Gyldendal ist bei einer Afrika-Reise auf ein Erzvorkommen gestoßen und sucht nach seiner Rückkehr nach finanzieller Unterstützung, um dies zu fördern. Seine Gattin Lydia und seine kleine Tochter Marion sind dabei seine familiäre Stütze. Sein Freund Van Schreven ist allerdings auch an Lydia interessiert und lädt diese in seine mit dem exotischen Titel „Haschisch" versehene Villa ein. Der Ausflug aus der heimischen Sphäre wird Gyldendals Frau schnell zum Verhängnis: In der Villa angekommen, bedrängt Van Schreven sie. Sie kann ihn gerade abwehren, als Gyldendal in der Einfahrt erscheint. Seine potenziellen Förderer haben ihr Angebot zurückgezogen und die Reise abgesagt. Um den Besuch zu verheimlichen, versteckt sich Lydia in einem Zimmer, das wie ein künstlicher Urwald gestaltet ist. Dort wird sie von einer Schlange gebissen, erreicht mit letzter Kraft ihr Haus und stirbt dort. Die eigentliche Todesursache erfährt nur ihre Schwester Maria Almquist.

Um den trauernden Witwer auf andere Gedanken zu bringen, sichert Van Schreven Gyldendal seine Unterstützung zu, sodass dieser doch nach Afrika gehen und dort eine Faktorei gründen kann. Im Urwald angekommen, werden Gyldendal von seiner afrikanischen Köchin Ngumba Avancen gemacht, die er jedoch zurückweist. Um sich zu rächen, hetzt sie mehrere (einheimische) Verehrer auf Gyldendal, die aber bei ihren Attentaten scheitern. Treu zur Seite steht dem Forscher dagegen der eingeborene Bim. Im weiteren Verlauf des Films erreichen die Schwägerin Maria, Tochter Marion und Van Schreven die Station. Marion wird daraufhin entführt und zu Ngumbas Vater, einem alten Zauberer, gebracht. Obgleich er nun an Lydias Schwester interessiert ist, beginnt Van Schreven eine Affäre mit Ngumba. Maria und Gyldendal finden ebenfalls zueinander. Es folgt eine Suchaktion nach Marion, bei der Gyldendal in einen Hinterhalt gerät und sich alleine den Gefahren des Dschungels stellen muss, die aber mit dem Auffinden Marions endet. Den Schluss des Films bildet ein Tribunal, bei dem Ngumba als Intrigantin schuldig gesprochen wird. Van Schreven erträgt den Anblick des glücklichen Paares Maria und Gyldendal nicht und begeht Selbstmord.

4.3.2 Figuren: Forscher vs. Eingeborene

Aufgrund der Länge und Fiktionalität des Films bietet *Allein im Urwald* eine Fülle an Informationen, die über die Figuren getragen werden. Im Fokus stehen dabei die Hauptcharaktere im Sinne eines Vierpersonenkonflikts (nach Hickethier 1993, 125), wobei dieses Gefüge noch um zwei Nebenfiguren ergänzt wird. Im Vordergrund soll dabei die Forschungsfrage nach der Hierarchie der einzelnen Gruppen stehen. Um die Gruppen kurz zu skizzieren, wird im Folgenden eine Charakterisierung der einzelnen Figuren gegeben und im Angesicht des aufkommenden Starsystems auch der/die jeweilige Darsteller/in hinter der Figur vorgestellt. Anschließend daran wird ihr Auftritt in ausgewählten Sequenzen untersucht und schließlich im Hinblick auf ihre Konstellation kategorisiert.

Als Protagonist des Films lässt sich Gyldendal konstatieren. Er wird von Carl de Vogt gespielt, der vermehrt in sogenannten Abenteuerfilmen (u.a. *Die Spinnen* von Fritz Lang 1919/20) auftrat und sich zu einer Art Prototyp des Entdeckers (als Vorläufer von Indiana Jones) entwickelte. Die Besetzung mit Carl de Vogt kündigt *Allein im Urwald* also zusätzlich als Abenteuerfilm an – ein Genre, das, wie Eder anmerkt, Stereotype, die sich im gesellschaftlichen Konsens bereits gewandelt haben, in „[...]ironischer Romantisierung nostalgisch wieder aufleben [...]“ lässt (2014, 380). Hall verweist hier auf den Begriff des ‚Abenteuerlichen’ als Synonym für Eroberung eines neuen Herrschaftsgebiets und als Ausdruck der Kolonisierenden, ihren ‚Schutzbefohlenen’ in moralischer, sozialer und physischer Hinsicht überlegen zu sein (1995, 21). Gyldendal trägt (wie die anderen weißen Figuren auch) keinen deutschen Namen, sondern einen dänischen. Damit erfährt der Film einerseits eine internationale Ausrichtung, bewegt sich von seinen Identifikationsangeboten immer noch im weißen westlichen (sogar nordischen) Rahmen und verschleiert andererseits den deutschen Kolonialrevisionismus. Denn wo genau sich der afrikanische Schauplatz befindet, bleibt unklar. Dass der Film trotzdem als „Kolonialfilm“ einzuordnen ist, bewirken die behandelten Motive Fortschritt und Rohstoffgewinnung sowie die Tatsache, dass alle Einheimischen sich auf Deutsch verständigen können. Durch seinen Job als intelligent gekennzeichnet, attraktiv, groß und sportlich verkörpert Gyldendal ein männliches Idealbild. Denn er ist sowohl stark, da er sich allein im Dschungel durchschlägt, als auch kontrolliert. Er weist Ngumba ab und ist somit so beherrscht, nicht dem „Tropenkoller“ zu verfallen. Dieser Begriff kam ab 1895 auf und beschrieb das moralische Versagen der Kolonialherren in brutalen und sexuellen Exzessen (Schwarz 2002, 87). Der Ingenieur ist treu an seine Ehefrau gebunden, die nach ihrem Tod von ihrer Schwester ersetzt wird. Aber auch hier dient die Beziehung der Reproduktion des deutschen Volkskörpers durch die Bewahrung der weißen heteronormativen Familie. Gyldendal und Maria verbindet keine sexuelle Anziehung, sondern vielmehr der Wunsch, Marion ein behütetes Elternhaus zu bieten. Der Forscher sorgt also für seine Familie. Des Weiteren ist Gyldendal als ‚produktiver' Charakter gekennzeichnet, dessen Leben von Arbeit bestimmt ist: So wird seine Figur indirekt durch Lydia eingeführt („Wenn mein armer Mann einmal Zeit hat") (00:03.00). Er hat keinen Vornamen und ist somit immer in Funktion des Wissenschaftlers tätig, aber nie in seiner Freizeit zu sehen. Bildlich tritt er das erste Mal in Großaufnahme, die das Gesicht des Schauspielstars als Anknüpfungspunkt bietet, und beschäftigt am Schreibtisch auf (ab 00:03:25). Die Größe des Arbeitszimmers stellt sofort klar: Die Forschung ist sein Leben. Dass er hauptsächlich nach Afrika will, um dort Erz abzubauen, unterstreicht dieses Motiv von „[...]imperialer Männlichkeit und kapitalistischen[m] Unternehmergeist [...]" nur noch mehr (Nagl 2006, 472; Herv. i. Orig.). Obwohl Gyldendal durch den Tod seiner Frau einen schweren Schicksalsschlag hinnehmen und sich durch die Reise in den „Urwald" in einer ungewohnten Umgebung zurechtfinden muss, durchlebt sein Charakter keinen Wandel. Er stellt sich allen Herausforderungen in gewohnt pragmatischer Manier und wird am Ende dafür belohnt.

Ihm zur Seite steht die Figur der „guten, weißen" Frau, die zunächst durch Lydia (Nora Swinburn) dargestellt und dann durch Maria ersetzt wird. Beide Frauen entsprechen demselben Ideal, lassen sich deswegen auch gemeinsam charakterisieren und werden beide von den weißen Männern begehrt. Beide tragen das Haar in mädchenhaften Locken hochgesteckt, sodass es kurz, aber nicht mondän aussieht. Die Namen sind religiös motiviert: In der Bibel war Lydia die erste Frau auf europäischem Boden, die den christlichen Glauben annahm. Maria als Gottesmutter und heilige Jungfrau symbolisiert die Reinheit und das Christentum per se.

Das unterstreicht auch die Kleidung, die beide tragen: Helle Farben und/oder weibliche Muster, lockerer Schnitt und hochgeschlossen. Sie stehen damit für die Reinheit und Keuschheit der weißen westlichen Frau. Lydia kommt mit ihrem Besuch im Schloss Haschisch von diesem Ideal ab und muss deswegen in einem alptraumhaften Garten

Eden mit dem Tode bestraft werden. Da sich Maria als anständige Gefährtin für Gyldendal und fürsorgliche Ersatzmutter für Marion erweist, wird sie mit dem Glück der heilen Familie belohnt. Ihre familiäre Bindung wird gleich zu Anfang betont, als ihre Figur eingeführt wird: „...lebt auf dem Landgut ihrer Verwandten." (Schrifttafel 00:02:20-00:02:26). Wir sehen sie in häuslicher Idylle: Die Verwandten sind puritanisch gekleidet, die Einrichtung deutsch-bürgerlich, das Verhältnis herzlich. Ihre Freizeitgestaltung entspricht der normativer Vorstellung, denn Maria erstellt verträumt-mädchenhaft ein Album (00:02:15-00:02:19), sie stickt (00:27:04-00:27:09) und übernimmt aufopferungsvoll die Mutterrolle für Marion. Sie steht zudem auch für die passive Weiblichkeit, die erst den Schritt des Mannes abwartet und auch zufrieden mit der für sie angedachten Rolle ist („...meine zweite Lydia" 00:42:32-00:42:38). Ihr schwedisch anmutender Nachname Almquist ruft wieder Assoziationen mit einer nordischen Herkunft hervor.

Hinter der Figur der Maria verbarg sich die beliebte Schauspielerin Kläre (auch Claire) Lotto, die häufig in Abenteuerfilmen an der Seite ihres Mannes Carl de Vogt zu sehen war (Städeli, o.A.). In diesem Abenteuer-Setting vertritt Maria die Werte, für die es sich zu kämpfen lohnt: Sie bringt die Heimat in die Fremde und repräsentiert die heteronormative Familie. Als Gyldendal sie bewusstlos findet, schreckt sie mit folgender Frage auf: „Hast du Marion?" (00:42:13-00:42:14). Und beweist kurz darauf, dass sie nur in dieser Funktion eine Bestimmung hat: „Hättest du mich doch auch nicht gefunden!" (00:42:15-00:42:20) Ansonsten bringt sie Ordnung in den Haushalt auf der Urwaldstation. Sie pflegt einen kranken Einheimischen in Erfüllung des „weiblichen Kulturauftrags"(00:58:57-00:59:12): den Kolonien medizinischen und zivilisatorischen Fortschritt zu bringen. Als Krankenschwester tätig zu sein, war die einzig ehrbare Tätigkeit für deutsche Frauen in den Kolonien, die bis auf die Erziehung ihrer Kinder keine wirkliche Beschäftigung hatten. Und auch ohne Ausbildung sei die weiße Frau aufgrund ihrer Überlegenheit dazu befähigter als jemand aus der indigenen Bevölkerung, wie auch Frieda von Bülow dazu anmerkte (v. Hammerstein 2012, 46). Außerdem bezeichnend dafür ist eine Szene (00:38:00-38:29), in der Maria zunächst mit Marion auf der Veranda sitzt. Sie schreckt von der Handarbeit hoch, da sich Bim und Ngumba in der Küche über zerbrochene Vorratsgläser streiten. Ngumba wird handgreiflich und schlägt Bim. Maria eilt in die provisorische Küche und schlichtet. Ngumba beschuldigt Bim und greift dann unterwürfig

Marias Hand und küsst diese. Die Situation zeigt, wie unterschiedlich die Frauen mit Konflikten umgehen: Maria mit Besonnenheit und Ngumba mit Temperament.

Mit Ngumba werde ich nun die zweite Figurengruppe einleiten. Ihr Name ist auch die Bezeichnung einer Ethnie der ehemaligen deutschen Kolonie Kamerun (Durkheim/Fauconnet 1901). Die Figur sticht insofern heraus, als dass sie die schwarze Frau im Weimarer Kino sichtbar macht, die oft nur eine austauschbare Randerscheinung darstellte. In Ngumba sehen wir hier nicht nur eine starke Figur, sondern gleich eine würdige Antagonistin. Bereits im Titel des Films wird ihre böswillig gesinnte Aktivität angekündigt. Ihr Charakter wird nur über ihre ausgeprägte Sexualität und Hinterlistigkeit definiert. Damit erfüllt sie ein bestehendes Bild und stellt so einen Stereotyp dar. Als Figur mit doppelter Minoritäts-Zuschreibung, nämlich als schwarze Frau, fällt sie damit in das stereotype Raster der AntagonistInnen, welches auch Eder (2014, 380) beobachtet hat. Sie hat keine Geschichte, durchläuft keine Entwicklung und ist in ihrer Rolle nur klischeehaft ausgestattet. Ihre Sexualität wird durch das figurbetonte und freizügige Kleid, welches ihre Schultern entblößt, hervorgehoben. Dazu trägt sie einen Federkopfschmuck und mehrreihige Ketten.

Bei ihrem ersten Auftritt (00:19:09-00:19:38) steht die Figur mit dem Rücken zur Kamera. Dies symbolisiert, dass sie etwas zu verbergen hat. Dann wird in einem Zwischentitel ihre Besetzung eingeblendet: Madge Jackson war ein Star in den zwanziger Jahren und meistens in ihrer Paraderolle der Intrigantin zu sehen. Ihre genaue Herkunft ist ungewiss, aber es wird vermutet, dass sie aus Südafrika stammte (Städeli, o.A.) und bei Hagenbeck unter Vertrag stand (Nagl 2006, 473). Die Einführung der Figur fährt mit ihrer Sexualität fort: Mit dem Arbeiter Manga tauscht sie eindeutige Blicke aus und wirft sich in eine kokette Pose, indem sie die Hand in die Hüfte stützt und ihm zunickt. Als der deutsche Sekretär Fridolin Rist sie ermahnt, verbirgt sie ihre Abneigung nicht und mustert ihn mit finsterem Blick (00:19:32-00:19:37). Ihr nächster Auftritt bestätigt erneut die Klischees: In einer Montage mit einer gefangenen Raubkatze wird ihre Animalität hervorgehoben und das *typische* Augenrollen angewandt (Hall 1995, 21; Herv. V. mir) (00:23:37-00:23:45). Bei dem Aufeinandertreffen mit Van Schreven schmiegt sie sich sofort an ihn und beißt als Ausdruck ungezähmter, triebhafter Lust in seine Hand (00:43:44-00:44:19).

Ihre Beziehung ist von einer ausgelebten ‚abnormalen' Sexualität, einer gemeinsamen Komplizenschaft gegen Gyldendal sowie einer Abscheu geprägt, die in gegenseitigen Beschuldigungen endet. Denn dass sie von einem weißen Mann begehrt wird, ist nicht als Aufwertung ihres Ranges zu sehen. Zum einen handelt es sich um einen ‚gefallenen' Mann und zum anderen bleibt sie für ihn der Trostpreis, da ihm Maria verwehrt wird. Seine Beschimpfungen degradieren ihre Person zusätzlich: „Scher´ dich zum Teufel, schwarze Bestie!" (00:59:50-00:59:53) und suggerieren erneut eine animalischen Monstrosität. Auch ästhetisch wird ausgedrückt, dass sie hinter dem Rücken der Weißen Intrigen spinnt: Ihre gebeugte, lauernde Haltung und eine Lichtsetzung, die eine Hälfte ihres Gesichts komplett ins Dunkel hüllt, lassen auf ihre zwielichtige Persönlichkeit schließen (01:02:30-01:02:34). Manchmal ist sie dabei am Bildrand positioniert, wenn sie im Hintergrund das Geschehen beobachtet. So wird sie gleichzeitig von den anderen isoliert und als Strippenzieherin dargestellt. Über die Figur selbst wird nicht viel erzählt: Nur ihr familiärer Hintergrund wird beleuchtet. Ngumbas Vater ist ein Zauberer, der alleine im Wald haust (00:43:17). In der ersten Einstellung scheint er einige Beschwörungen zu murmeln. Er trägt ein Gewand und einen opulenten Kopfschmuck aus schwarzen Federn. Als Dombe (ein weiterer Verehrer Ngumbas) ihm die entführte Marion übergibt, weist er den Alten an, dem Kind keinen Schaden zuzufügen: „Nicht töten, es trägt ein Mal" (00:43:28-00:43:31). Diese Einführung von Ngumbas Vater, der nur in dieser Funktion wichtig ist, er trägt auch keinen eigenen Namen, ruft Assoziationen mit der schwarzen Voodo-Magie hervor, die auch als klischeehaftes Grusel-Motiv indigener Völker beliebt war. Ngumba wird also als direkter Sprössling des *primitiven Bösen* vorgestellt, was sich in ihren zwei Eigenschaften – rachsüchtig und sexuell aktiv – ausdrückt.

Ein weiteres Beispiel für Zweiteres ist die schon fast plakativ wirkende Szene, in der Ngumba und Dombe auf dem Hof stehen (00:36:44 – 00:37:36): Dombe drückt verbal und körperlich sein Verlangen nach der Köchin aus. Er steht dicht hinter ihr, hat sie am Arm gepackt und das Becken vorgeschoben. Er trägt nur einen sehr kurzen Lendenschurz, sodass sich sein Geschlechtsteil abzeichnet, welches er an sie drückt. Ngumba scheint widerwillig, wehrt sich aber nicht und entscheidet sich dann dafür, ihn für ihre Zwecke zu missbrauchen und deswegen in dieser sexuell aufgeladenen Begegnung zu verharren. Die Einstellungen variieren hier zwischen der Nahaufnahme, in denen

Dombes Gesicht und sein lustvoller Ausdruck zu sehen sind und einer Totalen, in der seine Haltung deutlich wird. Die Szene dauert ganze 52 Sekunden, sodass das gezeigte Bild seine Wirkung entfalten kann.

Im Kontrast zu Ngumba, die ihre Ziele mittels ihrer Sexualität erreichen will, wird in einer Montage die mütterliche Maria samt selig in einem Buch blätternder Marion dazwischen geschnitten (00:37:18-00:37:21). Ngumba treibt durch ihre Pläne die Handlung aktiv voran; Maria hingegen reagiert eher in einem passiven Zustand auf die Geschehnisse. Während Ngumba und Gyldendal die Agierenden in dem Konflikt sind, gibt es noch zwei weitere Figuren, welche eine Art Hilfsfunktion für die jeweiligen Gruppen darstellen. Zunächst ist da Van Schreven, der durch seine Belästigung von Lydia/Maria und den Verrat an seinem Freund Gyldendal eine gewisse antagonistische Position einnimmt. Allerdings funktioniert er damit nur in Relation zu anderen Figuren: Eigenständige Ziele oder eine unabhängige Handlung gibt es nicht, da alle Handlungsimpulse von außen gegeben werden. Damit ist er ein sehr passiver Charakter, sowohl für den Verlauf des Films, als auch in der Narration selbst. Als „Millionen-Erbe" führt er ein unproduktives Leben, als „Weltenbummler" (00:01:41) ist er nicht zweckmäßig auf Reisen, sondern nur der puren Vergnügung wegen. Dass er dabei anfällig für äußere Einflüsse ist, verdeutlicht sein exotisch ausgestattetes Schloss „Haschisch", während seine Unproduktivität sich auch optisch in einer trägen Statur mit Bauchansatz wiederfindet. Die Figur trägt einen niederländischen Namen und repräsentiert den ‚gefallenen westlichen Mann', den Abenteurer, der von der Gesellschaft verstoßen wurde[2]. Seine niederen Beweggründe stehen in direkter Korrelation zu seiner Adaption fremdländischer Sitten. In der sogenannten Verkafferung, d.h. einer sexuellen Begegnung mit einer Einheimischen (Ngumba), findet dieser Niedergang seinen Höhepunkt. Im Kontakt mit ihr spricht er sogar gebrochenes Deutsch: „Hüte Dich, Ngumba, wir alles Deinem weißen Liebchen sagen!" (01:00:04-01:00:6) und begibt sich so auf ihre Stufe hinab. Als er mit der Nilpferdpeitsche nach ihr schlägt, offenbart eine Großaufnahme ein sadistisches Grinsen. Die Androhung von Gewalt scheint ihm Freude zu bereiten: Er steht in seiner charakterlichen Schwäche für den Tropenkoller.

Während diese Figur trotz *Whiteness* negativ konnotiert ist, liegt mit dem schwarzen Diener Bim eine positive Hilfsfigur vor. Er ist ein immer eifriger, gut gelaunter Assistent Gyldendals und erscheint ne-

[2] Nagl erläutert diesen Typus näher (2006, 473 f.)

ben dem stattlichen Forscher aufgrund seiner geringen Größe, seiner schmalen Figur und seiner überzogenen Mimik umso kindlicher. Damit bleibt auch er in der Rolle eines schwarzen Stereotyps. Hall beschreibt diesen Clown oder Entertainer als permanentes Spektakel für Publikum und andere Figuren gleichermaßen. Statur, Haltung und ausgeprägte Expressivität und Emotionalität machten die Figur zum komischen Objekt (1995, 22). Da der oft tapsig wirkende Bim stets treu ergeben Gyldendal zur Seite steht (er wird auch als „getreuer Diener" vorgestellt, 00:20:09) und auch den Körperkontakt mit ihm sucht, fällt er genau ins Raster der ‚Sklaven-Figur', die Hall mit der kindlich-abhängigen Liebe zum ‚Meister' definiert (21). Zugleich stellt er auch das „physisch-animalische" Wesen dar, dessen körperliche Fähigkeiten eine unfassliche Bewunderung und Neid hervorrufen (Hall 1996 445f.). Im Film wird dies in der Szene deutlich, in der er mühelos und mit bloßen Händen einen Baum erklimmt (00:32.59 - 00:33.02). Dies ist gleichzeitig sensationell, andererseits auch eine Vorführung als ‚untergeordnete Spezies' erstaunlicher Fähigkeiten im natürlichen Habitat.

Dass er trotz seines positiv besetzten Charakters niemals in die erste Gruppe aufgenommen werden kann, markiert folgende Szene deutlich: Als Gyldendal gerade nicht anwesend ist, nutzt Bim die Gunst der Stunde, um in dessen Büro einen Einblick in die Gepflogenheiten der Weißen zu bekommen (00:25:35-00:26:05). In Nachahmung seines *Banas* („Meisters") nimmt er einen Schluck Alkohol zu sich, raucht seine Zigarette und macht es sich auf seinem Schreibtischstuhl bequem. Dabei mixt er zwei Getränke, gurgelt die Flüssigkeit und stößt den Rauch in kindlicher Begeisterung aus. In dieser lächerlich anmutenden Imitation werden die bestehenden Machtverhältnisse in bizarrer Weise gebrochen (Rogowski 2010, 225) – und somit umso mehr gefestigt. Bims komisches Scheitern, die Rolle seines Meisters einzunehmen, bestätigt einmal mehr seine Unfähigkeit. Dass er ohne Aufsicht Gyldendals nicht arbeitet, sondern seine Zeit als Tagedieb verbringt, unterstützt das von Langbehn beschriebene Klischee der ‚natürlichen Faulheit' der Schwarzen (ebd.). In Großaufnahmen wird Bims übertriebene Mimik sichtbar, als er versucht, den Genuss westlicher Konsumgüter und damit deren Kultur nachzuempfinden. Grotesk wirkt andererseits seine kindliche Statur, die sich – nur in einen Lendenschurz gehüllt – auf dem Stuhl zurücklehnt und die Füße auf den Tisch legt. Der Name *Bim* drückt in seiner Kürze bereits eine simple Figur aus, der klanghafte, weiche Konsonant am Ende erinnert an einen Gong: Wie die Einleitung zu einer Show. Mit seinem einfachen Gemüt und den „lustigen" Aktionen erfüllt Bim diese Erwartungen. Der treue und eifrige Bim als ‚guter' Vertreter seiner Gruppe – Van Schreven, der die Attribute *der Anderen* adaptiert hat, wird damit zum Ausgestoßenen und steht trotz seiner weißen Privilegien in der Hierarchie nur knapp über den Kolonisierten. Obwohl Bim und Van Schreven als Hybride der beiden Gruppen erscheinen, verdeutlicht eine genaue Betrachtung ihrer Figuren: Es gibt keine Grenzgänger. Die Trennlinie verläuft an den Definitionen von *Blackness* und *Whiteness.*

Um den Aspekt der Kontrastierung dabei noch stärker zu unterstreichen, werde ich im Folgenden zwei Szenen daraufhin analysieren. Die erste Szene ist als Schlüsselszene des Films zu bezeichnen (00:20:12-00:21:48). Gyldendal befindet sich in einer Art Expeditionszelt, wo er am Schreibtisch arbeitet. Mittels einer Überblendung kann das Publikum hier in seine Gedanken eintauchen: Er denkt an seine verstorbene Frau Lydia. Aber nicht in der Funktion als Partnerin oder Geliebte, sondern als Mutter seines Kindes. Seine Erinnerungen zeigen Lydia und Marion, wie sie ihm an der Haustür nachwinken. Dieses Bild familiärer Idylle und heiler Alltagswelt markiert Lydia in ihrer Funktion als Repräsentantin heteronormativer Reproduzierbarkeit. In dem Bild ist sie nur im Rumpf zu sehen und die Kamera fängt ihren Abschiedsgruß in einer Distanz ein, die keine Körperlichkeit bzw. keine Sehnsucht nach ihrem Körper selbst vermuten lässt. Umso größer erscheint der Kontrast zu der Realität, die Gyldendal einholt: Nach einer Schwarz-Blende erscheint Ngumba, um ihm das Essen zu bringen (00:20:30-00:20:41). Neben der weißen Lydia vor dem bürgerlich-zivilisierten Setting der Haustür wirken die *Blackness* und deren zugeschriebene Attribute bei Ngumba umso stärker. Auch bei Christian Metz wird die Überblendung als filmische „Figuration" beschrieben, die nicht nur für einen Übergang steht (1983, 276). Stattdessen ist der direkte Kontrast als narratives Moment zu verstehen. In der Umgebung des Zeltes, dessen weiche, fließende Stoffwände eine erotische Atmosphäre schaffen und deren geöffneter Zelteingang mit Faltenwurf Assoziationen an das weibliche Geschlechtsteil hervorruft, wird die Figur zusätzlich sexualisiert. Während Gyldendal noch in Gedanken versunken scheint und ihr keine Beachtung schenkt, versucht sich Ngumba im Hintergrund in Szene zu setzen: Sie nestelt an ihrem Haar (00:21:03-00:21:10), wirft ihm Blicke zu und posiert. Ihr Annäherungsversuch hat keine narrative Herleitung, sondern ergibt nur vor dem „(...) Hintergrund kolonialer Sexualdispositive Sinn [...]" (Nagl

2006, 474). Weller sieht in diesem Begehren nicht die Erfüllung eigener (westlicher) Fantasien, sondern eine Aufwertung des Subjekts selbst als „begehrenswert“ (2011, 203). Als Gyldendal in seinem Sessel Platz nimmt, kniet sich Ngumba neben ihn und klammert sich an sein nacktes, kurzbehostes Bein. Der Ingenieur schubst sie zu Boden. „Nicht fort, nicht fort!! – Ngumba nur dienen – nur Sklavin Bana!" ruft diese daraufhin unterwürfig (00:21:33-00:21:38). Damit benennt sie ihn einerseits als Meister, sich selbst als Sklavin und hebt ihre niedere Stellung in gebrochenem Deutsch hervor. Gyldendal selbst spricht kein einziges Wort in der einheimischen Sprache – und festigt damit die Hegemonie der deutschen bzw. westlichen Sprache auch im globalen Kontext. Ngumba rollt wieder mit den Augen, kreuzt schützend die Arme vor dem Oberkörper und bedeckt damit ihre nackten Schultern und ihre Brust. In der nächsten Einstellung sehen wir sie immer noch kniend, während er drohend neben ihr steht (00:21:41-00:21:48). Damit wird die Bestrafung fetischisiert. Die Andeutung bleibt im Raum stehen, Gyldendal hält sich zurück. Die Szene endet damit, dass Ngumba das Zelt verlässt, den Blick immer noch an Gyldendal gehaftet. Sein verklärtes Lächeln wiederum lässt darauf schließen, dass er in Gedanken wieder bei seiner toten Frau ist. Die Szene steht beispielhaft für die weibliche Lust und Verführung durch die schwarze Frau, die den weißen Mann begehrt und sich für ihn erniedrigt. Auch ihre kauernde Haltung auf dem Boden unterstreicht diese Demut. Der weiße Mann hingegen (als guter Kolonialherr) bleibt standhaft (steht aufrecht) und ist rational seinen Prinzipien verpflichtet, während sie triebgesteuert erscheint. Ngumba stellt im Film eine für eine schwarze Frau ungewöhnlich große und einflussreiche Figur dar, die unabhängig und egoistisch handelt und für ihren persönlichen Rachefeldzug über Leichen geht. Ihre Gekränktheit könnte man als Publikum noch gut nachvollziehen und deshalb Empathie zu ihr aufbauen. Doch damit sie keine Anknüpfungspunkte für Identifikation bietet, ist ihr Charakter ausschließlich negativ gestaltet. Gyldendal ist dagegen beherrscht und bestraft sie auch nicht, sodass seine Moralität unangetastet bleibt.

Die Szene ist nicht nur Symbol von Geschlechts- und *race*-Unterschied, sondern zugleich Auslöser des Konflikts im Film, was die eigentliche Thematik zusätzlich unterstreicht. Im Anschluss daran folgt direkt das „Einweihungsfest" (00:21:48-00:23:22). Dieser Titel kennzeichnet den vermutlichen Landraub an der einheimischen Bevölkerung sowie den Aufbau des sogenannten „Urwaldhauses" als Basis für Ausnutzung der dortigen Ressourcen, der von der Bevölkerung begeistert gefeiert wird. Das Gebäude ist ein direktes Pendant zu Gyldendal als ‚Entdecker': Es steht mitten im Wald – im Nirgendwo – und kreiert somit erst einen Ort. Im Film wird nicht erläutert, wo genau die Geschichte spielt, was einerseits die Lokalisierung als ehemalige deutsche Kolonie verschleiert, andererseits aber auch bezeichnend für den ‚leeren Raum', den Afrika symbolisierte. „Afrika repräsentiert weniger einen geographischen Ort, als vielmehr eine Idee, eine Vorstellung von Differenz", konstatieren Krämer und Schommer (2011, 103) und beschreiben damit die Projektionsfläche, die der Kontinent für den Westen war. Vor allem für die Deutschen in dieser Zeit, da sie keinen realen Zugang mehr dazu hatten und diese Lücke wirklicher Erlebbarkeit mit eigenen Ideen ausschmücken mussten. Zantop bezeichnet diese Lücke als „Vakuum" und diese kolonialistischen Visionen als regelrechtes Hindernis, sich mit der Realität auseinanderzusetzen (1999, 17). So benennt Gyldendal die Station in einem Telegramm ganz bescheiden als „sein kleines Urwaldreich" (00:24:17) und bringt damit einerseits das deutsche Wunschdenken nach afrikanischem Besitz zum Ausdruck, impliziert andererseits aber auch die Assoziation eines Königreichs, mit ihm selbst als Herrscher und der indigenen Bevölkerung als Untertanen. Dass diese sein Reich im Prinzip erschaffen haben und auch dessen Produktivität gewährleisten, findet nirgendwo Erwähnung. Im Gegenteil – Gyldendal ist immer noch der Aktiv-Schaffende, während Szenen wie die zuvor beschriebene mit Bim oder auch Ngumba, die sich auf dem Vorplatz herumtreibt und ihre Intrigen spinnt, demonstrieren, die Schwarzen würden sich vor ihrer Arbeit drücken. Die Schwerstarbeit, das Haus aufzubauen, die Raubkatze einzufangen und Elfenbein und Erz zu bringen, wird als Eigenleistung der Kolonialherren bezeichnet. Die Ausnutzung (menschlicher) Ressourcen wird zudem als Selbstverständlichkeit genommen, die sich im gesamten Kolonial-Genre als Konsequenz der „[...]eigenen vermeintlich höheren Entwicklungsstufe [und folglich als] die natürliche Rechtfertigung von Privilegien und des Herrschaftsanspruches […]" herausbildet (von Hammerstein 2012, 35). Said ergänzt dazu die westliche Auffassung, Anspruch auf die Mehrheit der globalen Ressourcen zu haben, obgleich man zahlenmäßig unterlegen ist (2017, 131). Er sieht darin die unausgesprochene Behauptung, im Gegensatz zum Rest der Welt ein richtiger Mensch zu sein (ebd.).

Vor dieser Kulisse wird die Trennung der beiden Gruppen ganz deutlich: Die Eröffnung feiern die Indigenen ausgelassen vor dem Haus. Rist und Gyldendal sitzen als ‚Herren des Hauses' auf der Veranda. Zunächst rennen die Arbeiter in einem Kreis. Die Masse erinnert somit an ein Stammesritual. Dann versammeln sich die Menschen, mit Speeren ausgestattet, am Rand, um zwei einzelne Tänzer zu beobachten. Diese tragen Federn als Kopfschmuck und sind nur mit ein paar Fellen um die Hüften bekleidet. Als weitere Sensation kommt ein Elefant samt Dompteur, der einige Kunststücke zeigt und die Domestizierung der Wildnis unterstreicht. Die Sequenz ist dabei ein reines Spektakel, das von der Narration unabhängig stattfindet. Wilde Tiere, tanzende Krieger, afrikanische Rhythmen – mit dem Inbegriff der „primitiven" Musik, der Trommel – bieten Rist und Gyldendal das Spektakel, das scheinbar alle Charakteristika des Landes beinhaltet. Die beiden Männer verlassen dabei ihre ‚zivilisierten' Umgebung nicht: Etwas erhöht sitzen sie auf der Terrasse des Hauses, von der umliegenden ‚Wildnis' durch ein Geländer abgetrennt. Sie haben auf Stühlen Platz genommen und demonstrieren das männlich-imperialistische Verhalten, welches Bim zu imitieren versuchte. Sie rauchen und trinken und beobachten die Szenerie vor dem Haus aus sicherer Distanz. Die einzigen Einheimischen, die Zugang zu diesem exklusiven, kultivierten Bereich haben, sind Bim und Ngumba als Dienstleistende. Ngumba scheint gerade Essen vorzubereiten. Sie ist vorne übergebeugt, sodass ihr Gesäß herausgestreckt ist. Gilman nennt in diesem Zusammenhang das Interesse am Gesäß der Hottentottin Sarah Bartmann als Beweisführung für die abnormale Sexualität der (schwarzen) Frau (1985, 89). Durch die Säule bildlich abgetrennt, steht sie damit zusätzlich im Kontrast zu den Männern. Bim wandelt zwischen den beiden Bildhälften: Er rennt eifrig um die beiden weißen Männer herum. Gyldendal tätschelt ihn in väterlich-gönnerhafter Geste und fordert ihn sogar auf, die Elefanten-Dressur zu beobachten. Daraufhin schaut Bim anscheinend aktiv zu und lacht dann ausgelassen. Er zeigt durch den Film hindurch immer wieder seine Unfähigkeit, alleine zu handeln. Als der Leopard ausbricht, rennt Bim los und holt das Gewehr, damit Gyldendal die Raubkatze erschießen kann, anstatt alleine zu agieren (00:28:24-00:28:30). Dabei scheint er zuerst überfordert: Er rennt hektisch im Zimmer herum, steckt seine Finger in den Mund wie ein Kind und kaut panisch darauf herum. Die Entscheidung, ohne Anweisung zu agieren, bringt den irrational wirkenden Bim an seine Grenzen. Dann greift er doch zur Waffe und bringt sie Gyldendal, wobei er von hinten auf dem Boden an ihn heranrobbt und sich sogleich hinter ihm versteckt. Auch im Kampf mit Dombe muss der *getreue Diener* von seinem Herrn gerettet werden (01:16:00).

Beim Einweihungsfest lässt Gyldendal Bim durch seine Aufforderung scheinbar an seinem *gaze* teilhaben. Durch sein übertriebenes Lachen wird Bim jedoch selbst wieder zum Spektakel – er kann die Grenzen nicht überschreiten. Am Ende des Films wird Bim damit belohnt, dass er sich mitfreuen darf, als die weiße, reproduktive Familie wieder vereint ist. Euphorisch springt er um Gyldendal herum und klammert sich an dessen Arm (01:17:40-01:17:48). Van Schreven richtet sich selbst und symbolisiert damit den unabwendbaren Untergang jedes weißen Mannes, der Exotik und Lust über die westlichen Werte stellt. Ngumba wird in einem nach westlicher Tradition ausgerichteten und damit ‚gerechtem' Tribunal aufgrund erdrückender Beweislage schuldig gesprochen und bestraft. Bei ihrem Abgang stellt sich heraus, dass sie die ganze Zeit über ein in Gift getränktes Messer als Kopfschmuck getragen hat. Die Gefahr der schwarzen Frau wird somit als omnipräsent symbolisiert. Ihre Wildheit und ihr schlechter Charakter gipfeln dann in dem Mord an Dombe, sodass ihre Strafe wohl verdient scheint. Nachdem das *abnormale* Paar (Van Schreven und Ngumba) ausgeschaltet wurde, endet der Film mit einem ikonenhaften Schlussbild (01:18:28): das der weißen reproduktiven Familie. Kolbe zufolge beruht die Verwendung dieser heteronormativen Konstellation als Schlussbild auf dem „[...]konstitutive[n] Element in die seit den Freiheitskriegen geltenden Vorstellungen von Nation und Nationalismus [...]" (2007, 264). Nachdem die Figuren einzeln vorgestellt und in ihren Interaktionen analysiert wurden, werden sie im nächsten Abschnitt nun hinsichtlich ihrer Funktion in der Figurenkonstellation und der daraus resultierenden Hierarchie erörtert.

4.3.3 Moral und Kultur: Zivilisatorische Überlegenheit

Im bisherigen Verlauf dieses Kapitels zeichnete sich bereits eine Attribution der Figuren zu entsprechenden Eigenschaften ab, sowie deren Zugehörigkeit zur jeweiligen Gruppe (*Wir* und *die Anderen*). Im Folgenden soll das sich daraus ergebende Konstrukt herausgearbeitet und vor dem Hintergrund einer Gewichtung und Rangfolge als Bedeutungsträger des Films in Relation gesetzt werden. Zunächst stellt sich die Frage nach dem Entwicklungspotential der Figuren in *Allein im Urwald.* Die vorherige Analyse lässt zu dem Schluss kommen, dass sowohl Kolonialherren als auch Schutzbefohlene nicht gerade als Charaktere mit großer Tiefe, persönlicher Entwicklung und Individualität gestaltet sind. Obwohl es sich um einen figurenbezogenen Konflikt handelt, wurde der Film primär als *Raubtiersensationsfilm* angepriesen. Dies verdeutlicht, dass die Gefühlswelt und die persönlichen Motive der Figuren hinter dem Spektakel, exotische Tiere zu sehen, zurückstanden. Insofern ist es nicht verwunderlich, dass die charakterliche Ausarbeitung trotz Spielfilmlänge immer noch begrenzt ist. Und doch lassen sich auch hier Unterschiede feststellen: Gyldendal und Maria werden beide in der Exposition eingeführt. Sie haben damit eine Vorgeschichte und einen Schicksalsschlag zu verkraften. Außerdem müssen sie sich in der neuen Umgebung des Urwalds zurechtfinden und somit eine Wandlung vollziehen. Damit ist ihre Figurengestaltung weitaus ausdifferenzierter als die von Ngumba oder Bim, die direkt *in medias res* eingeführt werden. Van Schreven ist durch seine narrative Uneigenständigkeit nur als Hilfsfigur angesetzt.

In einem Resümee der Figurengewichtung lässt sich also zunächst festhalten, dass mit Gyldendal der Protagonist vorliegt – und mit Ngumba die Antagonistin. An diesem Punkt zeigt sich die Besonderheit des Films: Da der dramaturgische Konflikt figurengesteuert ist, brauchen Handlung und Hauptfigur eine würdige Antagonistin. Zwar bleibt Ngumba ohne Einführung, Hintergrund oder charakterliche Brüche, denn sie erfüllt (lediglich) das Stereotyp der „schwarzen sexualisierten Frau“. Damit sie dennoch sie als ernst zu nehmende Gegnerin agieren kann, wurden ihr weitere Kompetenzen verliehen (Leschke 2018): So verfügt ihre Figur über eine Attraktivität, die sogar zeitgenössische Filmkritiken eingestanden (Nagl 2006, 477) und genug Intelligenz und Skrupellosigkeit, um andere Figuren für ihre Zwecke einzuspannen. Die schwarzen KomparsInnen, die „[...]ansonsten anonym und unbestimmt bleibenden Gruppen der Einheimischen als lebende Beweise [für] ihre Kolonialisierungsbedürftigkeit [...]“ (Gutjahr/Hermes 2011, 7) stellen dabei ein schon fast beiläufiges Requisit dar. Sie untermauern Gyldendals Position als isolierte Figur, die alleine „da draußen“ ist (Hall 1995, 21; Herv. i. Orig.), und dienen als aufgebrachte Masse, die von ihm oder Maria zur Ordnung gerufen werden kann.

In dieser Konstellation von *Whiteness* vs. *Blackness*, *male* vs. *female* zeigt sich auch, dass der thematische Konflikt auf einer Kontrastierung basiert. Diese besteht zuerst in den eben genannten Kategorien, dann aber auch in den dominant auftretenden Figureneigenschaften *sexuell aktiv* vs. *enthaltsam.* Diese Hervorhebung von Differenzen hat also gleich eine mehrfache Funktion: Zum einen ist sie das treibende narrative Moment und zum anderen lenkt sie die Aufmerksamkeit auf die Thematik des Films (Eder 2014, 466). Damit diese Unterschiede überhaupt erst sichtbar werden, muss eine Analogie im Verhalten der Figuren oder diese in vergleichbaren Situationen dargestellt werden (476). Deswegen ist auch entscheidend, wie unterschiedlich die Frauen jeweils mit dem eher unscheinbar aussehenden Schwerenöter Van Schreven umgehen oder wie verschieden Gyldendal bzw. Bim rauchen und trinken.

Als weiteres, entscheidendes Moment ist die Rolle der Marion zu nennen. Sie wird übrigens von Loni Nest gespielt, die auch schon für *Der Golem, wie er in die Welt kam* (D 1920) als Kontrastfigur den Prototyp blonder, kindlicher Reinheit verkörperte. Ihre Entführung fügt sich in die Reihe stereotyper Narrative ein, die in Verbindung mit den schwarzen Einheimischen gebracht werden. Marion repräsentiert im Prinzip den Schatz, das zu bewahrende Objekt, denn sie steht für das erfolgreiche Modell der heteronormativen Familie und für die Zukunft der weißen, westlichen Welt. Im Umgang mit ihr zeigen sich auch die unterschiedlichen Wertvorstellungen der Figuren: Beschützende Fürsorge durch Gyldendal und Maria sowie Entführung und Verwilderung (Marion bekommt ein Tierfell zum Anziehen) durch Ngumba und ihren Vater.

Als entscheidende Werte resultieren aus diesen Gegenüberstellungen Sittlichkeit, Moral und gehobene Umgangsformen – kurzum: die Vermittlung eines normativen Verhaltens. Da die Figuren, die diesem Verhalten entsprechend handeln, ausschließlich weiß sind, wird *Whiteness* an sich geradezu normiert und die daran geknüpften Wertvorstellungen als naturgegeben dargestellt. Obgleich ein fiktionaler Film, sendet dieser doch Authentizitätssignale aus wie die Kritiken, die Nagl (2006, 477) auflistet, beweisen. In diesen sehen Gräf et al. die Instrumentalisierung für einen persuasiven Diskurs: Das Dargestellte habe sich seit jeher so abgespielt (2014, 228). Als Gegenpol zur Norm braucht es das *Abnormale*, das *Perverse*, das die gleiche filmische Gewichtung haben muss, um die normativen Ideale zu betonen. Daher rühren auch die narrative Relevanz und die dominante Bildpräsenz der Figur Ngumba.

Neben ihr offenbart sich das normative Ideal der Figur Gyldendal. Er wirkt beinahe unfehlbar: Er kann sich selbst aus brenzligen Situationen retten, verhält sich immer korrekt, wird von allen gemocht (oder zumindest begehrt und beneidet). Die Empathie des Publikums ist ihm durch den tragischen Verlust seiner Frau, den kurzzeitigen Verlust seines Kindes und einer permanenten Bedrohung durch Ngumba und ihrer Machenschaften gewiss. Als Held mit Star-Appeal bietet er dem Publikum Anknüpfungspunkte zur ‚admirativen Identifikation' (Jauss 1982 zitiert bei Beil et al. 2012, 260). Diese bezieht sich dabei nicht unbedingt auf die Figur an sich, sondern eher auf die von ihr vertretenen Ideale. Zum einen wäre das die bereits erwähnte moralische Instanz, zum anderen kolonialpolitische und nationale Wertvorstellungen: So bringt auch Gyldendal wieder den deutschen Kulturauftrag – den technischen Fortschritt – ins Spiel, als er in scheinbarer Loslösung von der Narration einen Kurier beauftragt: „Du kennst den Weg zur Telegraphenstation am großen See?" (00:20.57-00:21.01). Ein weiterer interessanter Aspekt ist seine Unantastbarkeit: Als ihn zwei der Meuterer ermorden wollen, lassen sie aufgrund eines Muttermals von ihm ab (00:50.12-00:50.17), da sie den Zorn der Götter fürchten. Diese Szene markiert zum einen den in den Augen der westlichen, aufgeklärten Welt irrwitzigen Aberglauben an ein derartiges äußerliches Merkmal, zum anderen aber auch eine von höheren Mächten gewollte Unantastbarkeit des weißen Mannes. Gyldendal wird so zum Idealbild, das es anzustreben gilt, das aber auch gleichzeitig als charakteristisch für die nationale Identität angesehen wird[3]. An seiner Seite steht Maria als „[...]Retterin und Trägerin deutscher Kultur und Rasse [...]" (Dietrich 2007, 39), die sich in der Fürsorge Marions um den Erhalt des Volkskörpers bemüht. In den stereotypisierten Darstellungen der Figuren von Bim und Ngumba wird deutlich, dass – laut der diegetisch implizierten Weltanschauung – alle Kolonisierten in ein pauschalisiertes Raster einzuordnen sind. Die undifferenzierte Zuschreibung zum entweder ‚guten' oder ‚bösen' Eingebo-

[3] Hier wird vom deutschen Verständnis ausgegangen.

renen ist untrennbar mit dem Verhalten gegenüber den Kolonialherren verbunden. Sympathieträger sind die Unterstützer der Herrschaft.

Alle, die sich auflehnen, haben einen schlechten Charakter. Bim als treuer Diener darf den Besetzern assistieren und erfährt so zumindest eine scheinbare Teilhabe. Ngumba rebelliert und muss deswegen vernichtet werden – was narrativ legitimiert wird. In ihrer Figur zeigt sich auch die Korrelation zwischen Sexualität und Bosheit. Nagl spricht hier von der „[...]exzessive[n] Sexualität einer schwarzen Frau als Chiffre des Widerstands[...]“ (2006, 472). Dieser Widerstand basiert folglich nur auf dem persönlichen Rachefeldzug einer unreifen, irrationalen und unverantwortlichen Kreatur (Rogowski 2010, 225). Alle, die mit ihr kooperieren, sind ebenfalls vom Sexualtrieb geleitet und als negativer Charakter gekennzeichnet.

Aber ganz gleich, ob moralisch verwerflich oder vergeblich bemüht – in jeder Hinsicht bleiben die *Schutzbefohlenen* unmündig. Leschke (2018) sieht in den charakterlichen Mangelerscheinungen (Mangel an Identität, an Kultur, an Menschlichkeit etc.) ein Scheitern auf dem Weg zum Subjektstatus. Und Bhabha bemerkt diese stereotype Darstellung als ambivalente ideologische Konstruktion (2004, 95): Die Kolonisierten sollen im Sinne des Kulturauftrags ‚zivilisiert' werden, doch gleichzeitig scheint ein Erfolg ausgeschlossen. So bleibt es immer eine Sisyphos-Aufgabe, ein andauernder Prozess, aber ein Erreichen des Status als kultiviertes Subjekt (im Prinzip eine Aufnahme in die Kategorie *Whiteness)* ist nicht möglich. In diesem Sinne eifert Bim seinem Meister nach und verliert doch seine niedere Rangordnung nicht. Durch die ständige Wiederholung des schwarzen Stereotyps verfestigt sich das Bild des Objekts, während Gyldendal durch normative Aufwertung zur Autorität, dem verlässlichen Subjekt wird. An dieses könne laut Bhabha (ebd.) das Publikum anknüpfen und so dessen Perspektive einnehmen.

Es lässt sich feststellen, dass durch die Wertung verschiedener Parameter (Subjekt/Objekt, normativ/abnormal, positive/negative Eigenschaften) eine Hierarchie entsteht, die nicht kongruent mit der narrativen Relevanz oder dominierenden Bildpräsenz ist. „[...]die Hierarchie verläuft dabei vom souveränen Subjekt, das zugleich über die optimale ästhetische, intellektuelle Ausstattung und auch noch die entsprechende Sozialkompetenz verfügt“ (Leschke 2018). Es ist folglich eine Hierarchie, die sich an moralischer Überlegenheit misst und in deren Abstufung sich die Ausprägungen von Kultur und Zivilisation ausdrücken. Diese Hierarchie der Figuren ist zudem entscheidend für die

Konfliktlösung und ein erfolgreiches oder zum Scheitern verurteiltes Figurenkonzept. Bei Betrachtung der Hierarchie wird offensichtlich, dass es sich um eine rassistisch motivierte Kategorisierung handelt. In dem Kontext einer Liebes- und Abenteuergeschichte und als Funktionsträger von komischen, erotischen und spannenden Szenen bekommen die indigenen Figuren die stereotypen kolonialen Maskeraden (Gutjahr/Hermes 2011, 7) aufgesetzt, hinter denen sie keine Identität entwickeln können. Im Kontrast dazu dienen die weißen, westlichen Figuren von Gyldendal und Maria gerade dazu, identitätsstiftend zu fungieren. Damit instrumentalisiert *Allein im Urwald* die oppositionellen Figuren(gruppen) „[...]als Kontrastfolie für ihre Demonstration der überragenden Leistungsfähigkeit der eigenen Nation(en) und damit als Beleg für eben grundsätzliche Überlegenheit der europäischen Kulturen“ (von Hammerstein 2012, 11).

Unter dem Deckmantel *informativer Unterhaltung* dient dieser Kolonialfilm folglich der Legitimierung imperialistischer Bestrebungen per se und der Vergewisserung der eigenen Überlegenheit und gemeinsamer Wertvorstellungen. Da die Figur Ngumba selbst als Ursprung des Konflikts benannt ist, wird diese zugleich als „Fehler“ markiert, als unterste und damit zum Scheitern verurteilte Stufe menschlicher Entwicklung. Das System an sich wird dabei nicht in Frage gestellt, sondern vielmehr legitimiert. Die Kontrastierung der Figuren des Films impliziert demnach eine Abwertung des Status als vollwertige Menschen für die Gruppe der *Anderen*. Die Gestaltung der Figuren ist dabei entscheidend für die im Film vermittelte Ideologie, denn „[...]ideological statements are made by individuals [...]“ (Hall 1995, 19).

Die Besonderheit des Films ist seine komplexe Figurenkonstellation. Die Paare Glydendal und Maria sowie Ngumba und Van Schreven stehen im Gegensatz zueinander. So wird verdeutlicht, was als normatives Paar und folglich auch normative Beziehung zwischen Mann und Frau angesehen wird – nämlich eine, die auf die Reproduktion ausgelegt ist. Leitmotiv ist dabei eine Sittlichkeit, die Disziplin und Enthaltsamkeit fordert, vor allem seitens der Frau. An dieser Stelle offenbart sich auch, wie Geschlechterkonstruktionen als Parameter für eine hierarchische Ordnung genutzt werden. Dabei liegt das Augenmerk auf Ngumba als Sinnbild für die schwarze, sexuell aktive Frau, mit der als Antagonistin die Quelle allen Übels markiert wird. Unter ihrer Anleitung versammeln sich alle Figuren des Films, die ebenso mit Triebhaftigkeit und moralischer Verwerflichkeit konnotiert sind. Alle positiv besetzten Figuren verhalten sich loyal gegenüber dem Protagonisten Gyldendal, der als Ideal des Kolonialherren besetzt ist. Angefangen von diesen beiden gegensätzlichen Polen (männlich, westlich, weiß vs. weiblich, afrikanisch/orientalisch, schwarz) ergibt sich eine Hierarchie, die auch kongruent mit der Gruppeneinteilung in *Wir* und *die Anderen* verläuft. Eingeordnet in diese Rangfolge sind ebenfalls die (bemühten) Grenzgänger des gefallenen weißen Mannes und des ‚guten' Eingeborenen. Sie symbolisieren zusätzlich, welche Eigenschaften für die Hierarchie gewichtet werden und an welchen Stellen diese an ihre Grenzen stoßen.

Die ausgewogene Konstellation sorgt für einen starken Kontrast, der die Thematik und folglich auch die zugrundeliegende Ideologie umso stärker hervorhebt. Für ein deutsches Publikum konnte so Bestätigung der vorherrschenden Weltanschauung einer eigenen Überlegenheit gegeben werden. Die Figurenkonstellation und folglich auch der Film waren ein Identifikationsangebot, das zur nationalen Identitätsbildung beitragen konnte. Nach dem verlorenen Krieg, den Schuldzuweisungen und der Aberkennung der Kolonien war das gerade erst entstandene Nationalbewusstsein gekränkt. Umso dringender war der Bedarf an eskapistischen Angeboten in Exotik, Komödien und Glamour. Der Film *Allein im Urwald* bot all dies. Auf der anderen Seite musste man auch einen Neuanfang in der Definition einer ‚deutschen' Nationalität starten. Kaes nennt dabei den Beitrag des Films zu diesem Neuanfang:

> Die Republik tat sich schwer mit politischer Selbstdarstellung, mit nationalen Symbolen und Mythen; deutsche Identität zu feiern war für die sozialdemokratische Weimarer Regierung keine Option. Die Öffentlichkeit aber schien die Identifikation mit Deutschlands früherer Größe zu brauchen, wie sie sie in der Politik der Gegenwart vermisste[...](1993, 73).

Naheliegend schien dabei der Blick zurück, auf die vermeintliche Größe einer deutschen Kolonialmacht, repräsentiert von einem attraktiven und starken Helden. In der populären Unterhaltung und im Kontext einer aufregenden Abenteuer- und Liebesgeschichte ließ sich das ideologische Weltbild wirkungsvoll vermitteln. Die Hierarchisierung in den Figuren des Films war auch eine Beteuerung für den eigenen Platz in der Weltordnung, die Versicherung, dass man doch nicht ganz unten in der Rangordnung stand. Der Film lässt sich also einordnen als Produkt der boomenden Filmindustrie, als kolonialrevisionistisches Plädoyer und als identitätsstiftend für die orientierungslose junge Nation. Von besonderer Bedeutung war dabei die Gestaltung und Kontrastierung der Figuren als Identifikationsangebote. Wie sich diese in Relation zu dem *Solf*-Film verhält und wie die generelle Thematik in den kulturwissenschaftlichen Zusammenhang einzuordnen ist, soll in einem abschließenden Fazit noch einmal zusammengefasst werden.

5. Fazit

Mit den beiden Forschungsobjekten liegen zwei ganz unterschiedliche Ausprägungen des deutschen Kolonialfilms vor, die auch in differente historische Kontexte einzuordnen sind. Da keine einheitliche Kolonialpolitik und auch keine staatliche Steuerung des Kolonialfilms betrieben wurden, kann nicht von Propagandamaschinerie oder einem bestimmten Auftrag die Rede sein. Zweifelsohne hatte jeder Film unterschiedliche Motive zur Produktion und Darstellung der Kolonien. Aber noch wichtiger als die politische Seite (wenn diese auch unterstützt wird), ist der ideologische Aspekt des Kolonialfilms: Denn die Analysen beider Filme ergeben, dass hier die Gruppe *der Anderen* konstruiert und in einer Hierarchie der eigenen Gruppe untergeordnet wird.

Zwar gehen *Solf* und *Allein im Urwald* ganz unterschiedlich an die Kontrastierung der Gruppen heran: Solf fungiert als narrative und ästhetische Dominanz im Kontrast zu einer Gruppe anonymer Eingeborener und Gyldendal und Ngumba als dramaturgisches Kräftemessen zwischen Gut und Böse im Kontrast heteronormativer Beziehung gegen „abnormale" Sexualität. Bei der dokumentarischen Aufnahme von 1913/14 zeichnet sich Hierarchie durch Individualität und militärische Ordnung aus, während der Spielfilm aus den zwanziger Jahren eine Auf- bzw. Abwertung an moralischem Verhalten festmacht. Beiden Filmen gemein ist die eindeutige Zuschreibung dieser Parameter aufgrund rassistischer Einteilung. Dabei beziehen sich die Filme auch auf die gleichen Werte: Disziplin, kultureller und technischer Fortschritt als Erfüllung des deutschen Kulturauftrags in den Schutzgebieten sowie Chaos, Rückständigkeit und Unmündigkeit als Charakteristikum der Eingeborenen in den Kolonien. Die Inszenierung der *Anderen* ist als Spektakel Bestandteil des *gaze,* des weißen westlichen Blicks, der diese Kategorisierung erst erschafft und damit die unscheinbarste und wirksamste Form von Rassismus darstellt. Der Beitrag des Mediums Film dazu hat in der Forschung noch Nachholbedarf, insbesondere in Bezug auf die Kolonien. Denn er beeinflusste nicht nur die Bildung und Festigung stereotyper rassistischer Bilder, sondern war auch ein Hilfsmittel für die nationale Identitätsbildung Deutschlands. Diese Arbeit soll einen Anhaltspunkt zur Figurengestaltung und -konstellation im deutschen Kolonialfilm liefern und als Basis für vertiefende Forschung dienen.

Denn auch wenn die stereotype Figurengestaltung dieser Beispiele aus heutiger Sicht eher irritierend wirkt, ist doch auf der anderen Seite nicht zu leugnen, dass sich die Grundzüge dieser Klischees vielerorts gehalten haben. So liefert Afrika in vielen zeitgenössischen (Romantik-) Filmen (beispielsweise *Meine Heimat Afrika,* D 2009) immer noch die leere Projektionsfläche der Selbstverwirklichung und die Einheimischen scheinen stets hocherfreut über deutsche ÄrztInnen, LehrerInnen, ForscherInnen etc.: Vorliegend ist also wieder das Gefälle zwischen den westlichen RetterInnen und einem ,unmündigen' Volk. Damit reproduziert das Medium Film bestehende koloniale Denkmuster immer wieder aufs Neue. Diversität im Allgemeinen findet in der deutschen Medienlandschaft immer noch wenig Beachtung, indem schwarze DarstellerInnen hauptsächlich als Putzhilfen, Kriminelle, Geflüchtete etc. besetzt werden. Auf diese Missstände macht unter anderem die Initiative der *Neuen Medienmacher*[4] aufmerksam. Diese beweist auch, dass Veränderung möglich ist und sich gerade jetzt immer mehr zu vollziehen scheint: Global brechen neue Darstellungen von Afrika als High-Tech-Nation wie in *Black Panther* (USA 2018) mit den stereotypen Bildern und als deutscher Fortschritt kann die Besetzung von Florence Kasumba als erste schwarze Kommissarin in der traditionellen *Tatort*-Reihe (*Das verlorene Kind*, D 2019) gewertet werden. Kulturelle Auseinandersetzungen mit dem Thema, Diskussionen um post-koloniale Bilder in der Werbung und Theaterinszenierungen wie Nuran David Calis *Herero-Nama (2019)*[5] brechen allmählich mit dem Tabu.

All das scheint dringend notwendig in Anbetracht der Tatsache verklärter und verdrängter deutscher Kolonialgeschichte, die selbst kaum filmisches Sujet ist. Besonders sollten die Bilder hinterfragt werden, die uns immer noch umgeben. Denn die Maske, die der Westen nach eigenem Belieben für *die Anderen* geschaffen und diese damit erst erschaffen hat, ist medial inszeniert. Deswegen lohnt sich der Blick zurück in die filmischen Anfänge – genauso wie der Blick nach vorn.

[4] https://www.neuemedienmacher.de/

[5] Uraufführung am 09.03.2019 im Schauspiel Köln.

6. Literaturverzeichnis

Anonymus. 1886. *Naturgeschichte des Tierreichs für Schule und Haus*. Esslingen: J.F. Schreiber Verlag.

Aristoteles. 1992. *Die Poetik*, übersetzt und herausgegeben von Manfred Fuhrmann.

5-47. Stuttgart: Reclam. Online-Dokument der Universität Freiburg, aufgerufen am 13.02.19 http://www.romanistik.uni-freiburg.de/reiser/einf_aristot.pdf

Balázs, Béla. 2001. *Der sichtbare Mensch oder die Kultur des Films*. Frankfurt am Main: Suhrkamp Verlag. Erstmalig veröffentlicht unter dem Titel *Der sichtbare Mensch*. 1924. Wien/Leipzig: Deutsch-österreichischer Verlag.

Bald, Detlef und Peter Heller, Volkhard Hundsdörfer und Joachim Paschen. 1978. *Die Liebe zum Imperium. Deutschlands dunkle Vergangenheit. Ein Lesebuch zum Film*. Bremen: Übersee-Museum.

Baudrillard, Jean. 1978. *Agonie des Realen*. Aus dem Französischen von Lothar Kurzawa und Volker Schaefer. Berlin: Merve Verlag.

Beil, Benjamin, Jürgen Kühnel und Christian Neuhaus. 2012. *Studienhandbuch Filmanalyse. Ästhetik und Dramaturgie des Spielfilms*. München: Wilhelm Fink Verlag.

Bhabha, Homi K. 2004. *The Location of Culture*, London: Routledge.

Bohrmann, Thomas. 2018. „Einführung in die Ethische Filmanalyse“ In *Angewandte Ethik und Film*, herausgegeben von Thomas Bohrmann, Matthias Reichelt, Werner Veith. 37-56. Wiesbaden: Springer VS.

Brigard, Emilie de. 1995 (2. Auflage). „The History of Ethnographic Film“ In *Principles of Visual Anthropology*, herausgegeben von Paul Hockings. 13-44. Berlin/New York: Mouton de Gruyter.

von Bülow, Bernhard. 1907. *Deutschlands Platz an der Sonne*. Berlin: Verlag von Georg Reimer.

von Bülow, Frieda. 1889. „Reisescizzen und Tagebuchblätter aus Deutsch-Ostafrika“. Berlin: Walther & Apolant. Nachdruck der Ausgabe mit Einleitung, Anmerkungen und Literaturverzeichnis, herausgegeben von Katharina von Hammerstein 2012. Berlin: Trafo.

Conrad, Sebastian. 2010 (2. Auflage). *Globalisierung und Nation im Deutschen Kaiserreich*. München: Verlag C.H. Beck.

——. 2012 (2. Auflage). *Deutsche Kolonialgeschichte*. München: Verlag C.H. Beck.

Dietrich, Annette. 2007. „Konstruktionen weißer Weiblichkeit. Emanzipationsdiskurse im Kontext des Kolonialismus.“ In *Koloniale und postkoloniale Konstruktion von Afrika und Menschen afrikanischer Herkunft in der deutschen Alltagskultur,* herausgegeben von Susanne Giseke und Marianne Bechhaus-Gerst. 33-43. Frankfurt am Main: Lang.

Durkheim, E., und P. Fauconnet. 1901. „Die Ngumba in Südkamerun.“ In *L'Année Sociologique (1896/1897-1924/1925)*6(1901):308.

Aufgerufen am 20.03.2019 http://www.jstor.org/stable/27881475.

Eder, Jens. 2014 (2. Auflage). *Die Figur im Film. Grundlagen der Figurenanalyse.* Marburg: Schüren Verlag.

Erbar, Ralph, „Solf, Wilhelm“ in: *Neue Deutsche Biographie* 24 (2010), S. 549-550

Online-Version aufgerufen am 21.02.19;

https://www.deutsche-biographie.de/pnd118748777.html#ndbcontent

Frenssen, Gustav. 1906. *Peter Moors Fahrt nach Südwest.* Berlin: G. Grote.

Fuhrmann, Wolfgang. 2010. „Patriotism, Spectacle and Reverie: Colonialism in Early Cinema.“ In *German Colonialism, Visual Culture, and Modern Memory,* herausgegeben von Volker M. Langbehn, 148-161. New York/Oxon: Routledge.

———. 2017. *Imperial Projections: Screening the German colonies.* New York, Oxford: Berghanbooks.

Gabay, Clive. 2018. *Imagining Africa. Whiteness and the Western Gaze.* Cambridge: University Press.

Geertz, Clifford. 1973. *The Interpretation of Cultures.* New York: Basic Books.

Gilman, Sander L. 1985. *Difference and Pathology. Stereotypes of sexuality, race and madness.* Ithaca/London: Cornell University Press.

Gräf, Dennis et al. Filmsemiotik. 2014 (2. Auflage). *Eine Einführung in die Analyse audiovisueller Formate.* Marburg: Schüren Verlag.

Gründer, Horst. 2018 (7. Auflage). „Koloniale Kriegszieldiskussion und Kolonialrevisionismus nach 1918“ In *Geschichte der deutschen Kolonien,* herausgegeben von Horst Gründer. 213-233. Paderborn: Ferdinand Schönigh.

Gunning, Tom. 1990. „The Cinema of Attractions: Early Film, its Spectator and the Avant-Garde.“ In *Early Cinema. Space, frame, narrative,* herausgegeben von Thomas Elsaesser und Adam Barker, 56-62. London: British Film Institute.

Gutjahr, Ortrud und Stefan Hermes. 2011. „Maskeraden des (Post-)Kolonialismus. Eine Einleitung" In *Maskeraden des (Post-)Kolonialismus. Verschattete Repräsentationen „der Anderen" in der deutschsprachigen Literatur und im Film*, herausgegeben von Ortrud Gutjahr und Stefan Hermes. 7-17. Würzburg: Königshausen & Neumann.

Hall Stuart. 1995. „The Whites of Their Eyes. Racist Ideologies and the Media" In *Gender, Race and Class in Media. A Text-Reader*, herausgegeben von Gail Dines und Jean M. Humez. Thousand Oaks/ London/ New Delhi: Sage Publications. Online Dokument: University of Richmond Blog. Aufgerufen am 15.02.19

https://blog.richmond.edu/watchingthewire/files/2015/08/The-Whites-of-Their-Eyes.pdf

———. 1996. „New ethnicities" In Stuart Hall. Critical Dialogues in Cultural Studies, herausgegeben von David Morley und Kuan-Hsing Chen. 442-450. London/New York: Routledge.

von Hammerstein, Katharina. 2012 *Reiseskizzen und Tagebuchblätter aus Deutsch-Ostafrika.* Berlin: Trafo.

Hickethier, Knut. 1993. *Film- und Fernsehanalyse*. Stuttgart: JB Metzler.

Hiery, Hermann Joseph. 2002. Die deutsche Südsee 1884-1914. Ein Handbuch. Paderborn: Ferdinand Schöningh Verlag. Zitiert in Erbar, Ralph, *Solf, Wilhelm* in: Neue Deutsche Biographie 24 (2010), S. 549-550 Online-Version aufgerufen am 21.02.19; https://www.deutsche-biographie.de/pnd118748777.html#ndbcontent

Jacobsen, Wolfgang. 1993. „Frühgeschichte des deutschen Films. Licht am Ende des Tunnels." In *Geschichte des deutschen Films,* herausgegeben von Wolfgang Jacobsen, Anton Kaes, Hans Helmut Prinzler, 13-37. Stuttgart: Verlag JB Metzler.

Jauss, Hans Robert. 1982. Ästhetische Erfahrung und literarische Hermeneutik. Berlin: Suhrkamp. Zitiert in Beil Benjamin, Jürgen Kühnel und Christian Neuhaus. 2012. *Studienhandbuch Filmanalyse. Ästhetik und Dramaturgie des Spielfilms.* 260. München: Wilhelm Fink Verlag.

Kaes, Anton. 1993. „Frühgeschichte des deutschen Films. Licht am Ende des Tunnels." In *Geschichte des deutschen Films,* herausgegeben von Wolfgang Jacobsen, Anton Kaes, Hans Helmut Prinzler, 39-100. Stuttgart: Verlag JB Metzler.

Kessler, Frank. 2015. „ Anmerkung zur Geste im frühen Film. In *Geste: Bewegungen zwischen Film und Tanz*, herausgegeben von Reinhold Göring, Timo Skrandies, Stephan Trinkaus, 75-82. Bielefeld: Transcript Verlag.

Kickhöffel 1913/1914. „Deutschtum und Kino." In Bild und Film 3, 11/12. 271-273. In: Deutsches Filminstitut- DIF e.V, Frankfurt (Main). Online Dokument, Aufgerufen am 05.02.19

https://www.filmportal.de/sites/default/files/Bild_und_Film_1913-1914_III-11-12_03.pdf.

Kolbe, Wiebke. 2007. „Germanische Helden und deutsche Patrioten. Nationalismus und Geschlecht im Stummfilm *Die Hermannschlacht* 1922/23." In *Antike und Mittelalter im Film,* herausgegeben von Mischa Meier und Simona Slanicka, 251-266. Köln: Böhlau Verlag.

Krämer, Anna und David Schommer. 2011. „Mein Bild von Afrika – Zur Kolonialität touristischer Fotografie." In *Afrika Bilder im Wandel? – Quellen, Kontinuitäten, Wirkungen und Brüche*, herausgegeben von Manuel Aßner et al. 103-114. Frankfurt am Main: Lang.

von Laak, Lothar. 2007. „Ihr kennt die deutsche Seele nicht. Geschichtskonzeption und filmischer Mythos in Fritz Langs *Nibelungen.*" In *Antike und Mittelalter im Film,* herausgegeben von Mischa Meier und Simona Slanicka, 267-282. Köln: Böhlau Verlag.

Lacan, Jacques. 2018. *The Four Fundamental Concepts of Psychoanalysis.* London: Routledge.

Lamprecht, Gerhard. 1968. „Deutsche Stummfilme 1921-1922". Berlin: Deutsche Kinemathek. Zitiert in Rogowksi, Christian. 2010. „The *Colonial Idea* in Weimar Cinema. In *German Colonialism, Visual Culture, and Modern Memory,* herausgegeben von Volker M. Langbehn, 220-238. New York/Oxon: Routledge.

Langbehn, Volker. 2010. „Picturing Race: Visuality and German Colonialism" In *German Colonialism, Visual Culture, and Modern Memory,* herausgegeben von Volker M. Langbehn, 1-33. New York/Oxon: Routledge.

Leschke, Rainer. 2018. *Normative Strukturen des Programmangebots.* Vortrag an der Universität Siegen.

Lessing, Gotthold Ephraim. 1979. *Werke / 4. Dramaturgische Schriften*, herausgegeben von Herbert G. Göpfert. Darmstadt: Wissenschaftliche Buchgesellschaft.

Malraux, André. 1999 (französische Erstausgabe 1930). *Der Königsweg.* Übersetzung aus dem Französischen von Ferdinand Hardekopf. (Erstmals erschienen als *La Voie royale* 1930) München: Deutscher Taschenbuchverlag.

Massaquoi, Hans Jürgen. 1999 (7. Auflage). *Neger, Neger, Schornsteinfeger. Meine Kindheit in Deutschland.* Aus dem Englischen von Ulrike Wasel und Klaus Timmermann. Erstmals erschienen als

Destined to Witness, New York: Morrow. Tübingen: Fretz und Wasmuth.

Mehl, Andreas. 2005. „Das demokratische Athen (5.-4. Jh. v. Chr.): ein Gemeinwesen entgegen dem Prinzip der Hierarchie" In *Hierarchie*, herausgegeben von Hartmut Heller. 317-347.Wien: LIT Verlag.

Metz, Christian. 1983. Psychoanalysis and Cinema: The Imaginary Signifier. London: Macmillan.

Müller, Corinna. 1998. „Variationen des Kinoprogramms. Filmform und Filmgeschichte." In *Die Modellierung des Kinofilms. Zur Geschichte des Kinoprogramms zwischen Kurzfilm und Langfilm 1905-1918*, herausgegeben von Corinna Müller und Harro Segeberg, 43-75. München: Wilhelm Fink Verlag.

Mulvey, Laura. *Visual Pleasure and Narrative Cinema. In Jahsonic. Aufgerufen am 12.03.*19 https://www.jahsonic.com/VPNC.html (Zuerst erschienen in *Screen* 1975, 16.3 6-18)

Nagl, Tobias. 2006. *Die unheimliche Maschine. Rasse und Repräsentation im Weimarer Kino.* München: edition text + kritik im Richard Boorberg Verlag.

Natermann, Diana Miryong. 2018. *Pursuing Whiteness in the Colonies. Private Memories from the Congo Free State and German East Africa (1884-1914).*

Münster: Waxmann Verlag.

Oksiloff, Assenka. 2001. *Picturing the Primitive. Visual Culture, Ethnography, and Early German Cinema.* New York: Palgrave.

Paech, Joachim. 1990. „Zur Theoriegeschichte des Dokumentarfilms". In *Journal Film* (23): 23-29

Peterson, Jennifer. 1999 „World Pictures: Travelogue Films and the Lure of the Exotic 1890-1920 Chicago: University of Chicago Press" zitiert in Fuhrmann, Wolfgang. 2010. „Patriotism, Spectacle and Reverie: Colonialism in Early Cinema" In *German Colonialism, Visual Culture, and Modern Memory,* herausgegeben von Volker M. Langbehn, 148-161. New York/Oxon: Routledge.

Rathenau, Walter. 1912. „Zur Kritik der Zeit" Berlin: Fischer Verlag, zitiert von Kickhöffel 1913/1914. „Deutschtum und Kino." In Bild und Film 3, 11/12. In: Deutsches Filminstitut- DIF e.V, Frankfurt (Main). Online Dokument, Aufgerufen am 05.02.19

https://www.filmportal.de/sites/default/files/Bild_und_Film_1913-1914_III-11-12_03.pdf

Rogowksi, Christian. 2010. „The *Colonial Idea* in Weimar Cinema. In *German Colonialism, Visual Culture, and Modern Memory,* herausgegeben von Volker M. Langbehn, 220-238. New York/Oxon: Routledge.

Rony, Fatimah Tobing. 1996. *The Third Eye: Race, Cinema and Ethnographic Spectacle*. Durham: Duke University Press.

Said, Edward. 2017 (5. Auflage). *Orientalismus*. Erstmalig erschienen 1978 als *Orientalism*, New York: Pantheon Verlag. Frankfurt am Main: Fischer Verlag.

Schwarz, Thomas. 2002. „Die Kultivierung des kolonialen Begehrens – ein deutscher Sonderweg?“ In *Kolonialismus als Kultur. Literatur, Medien, Wissenschaft in der deutschen Gründerzeit des Fremden*, herausgegeben von Alexander Honold und Oliver Simons, 85-104. Tübingen/Basel: A. Francke Verlag.

SLUB/ConArt - Contemporary Artists. In *Deutsche Fotothek*. Aufgerufen am 21.02.2019 http://www.deutschefotothek.de/documents/kue/90024049

Städeli, Thomas. *Claire Lotto*. In Cyranos. Aufgerufen am 28.02.19

http://www.cyranos.ch/smlott-d.htm

Tacitus. 2009. *Germania.* Original stammt aus dem Jahre 100 nach Christus (Schätzung). Übersetzt 1868 von Adolf Bacmeister. Köln: Anaconda Verlag.

Weller, Christian. 2011. „Liebe und Arbeit“ In *Maskeraden des (Post-)Kolonialismus. Verschattete Repräsentationen „der Anderen“ in der deutschsprachigen Literatur und im Film*, herausgegeben von Ortrud Gutjahr und Stefan Hermes. 197-216. Würzburg: Königshausen & Neumann.

Zantop, Susanne M. 1999. *Kolonialphantasien im Vorkolonialen Deutschland.* Berlin: Erich Schmidt Verlag.

6.1 Filmverzeichnis

Allein im Urwald. Die Rache der Afrikanerin. D 1922. R: Ernst Wendt.

Black Panther. USA 2018. Regie: Ryan Coogler.

Der Golem wie er in die Welt kam. D. 1920. R: Paul Wegener.

Die Boxerbraut. D 1926. R: Johannes Guter.

Die Hermannschlacht. D 1924. R: Leo König.

Die Nibelungen. D 1924. R: Fritz Lang.

Die Spinnen. D 1919/1920. R: Fritz Lang.

‚Die Wilden' in den Menschenzoos. F 2017. R: Bruno Victor-Pujebet, Pascal Blanchard. Erstausstrahlung D: 29.09. 2018

Fred Ott´s Sneeze. USA 1984. R: William L. Dickson.

L´arrivée du train en Gare de la Ciotat. F 1895. R: Auguste und Louis Lumière.

Meine Heimat Afrika. D 2009. R: Erhard Riedlsperger.

Menschen im Busch. D 1930. R: Friedrich Dalsheim, Gulla Pfeffer.

Miß Venus. D 1921. R: Ludwig Czerny.

Nanook. USA/F 1922. R: Robert Flaherty.

Staatssekretär Dr. Solf in den Kolonien (Togo im Film). D 1913/14. R: Hans Schomburgk.

Tatort: Das verschwundene Kind. D 2019. R: Franziska Buch.

Vom Leben der Kate auf Deutsch-Neuguinea. D 1906. R: Richard Neuhauss

Zeitfracht Medien GmbH
Ferdinand-Jühlke-Straße 7
99095 Erfurt, Deutschland
produktsicherheit@kolibri360.de